中国航空工业史丛书 · 人物 · 史料资料

中国航空工业人物传 · 领导篇

3

中国航空工业史编修办公室　编

航空工业出版社
北　京

内 容 提 要

本书介绍了中国航空工业创建时期的创始人（共计86名）的生平、工作业绩和突出贡献，真实地记录了他们为中国航空工业发展而呕心沥血、殚精竭虑，有的甚至献出生命的光辉历程，他们是“航空报国”精神的开创者和传承者。

本书内容翔实、生动，适合广大航空工业从业人员及关注中国航空工业发展的相关人员阅读。

图书在版编目（CIP）数据

中国航空工业人物传. 领导篇. 3 / 中国航空工业史编修办公室编. --北京：航空工业出版社，2012.11
(2019.1 重印)
ISBN 978-7-5165-0097-2

Ⅰ. ①中… Ⅱ. ①中… Ⅲ. ①航空航天人员—列传—中国②航空航天人员—领导人员—列传—中国 Ⅳ. ①K826.16

中国版本图书馆 CIP 数据核字（2012）第 255122 号

中国航空工业人物传·领导篇 3
Zhongguo Hangkong Gongye Renwu Zhuan · Lingdao Pian 3

航空工业出版社出版发行
（北京市朝阳区北苑 2 号院 100012）
发行部电话：010-84936597 010-84936343

三河市金轩印务有限公司印刷 全国各地新华书店经售
2012 年 11 月第 1 版 2019 年 1 月第 2 次印刷
开本：787×1092 1/16 印张：14.5 字数：305 千字
印数：4001—4500 定价：56.00 元

总　　序

1951年4月17日，中央军委、政务院颁发了《关于航空工业建设的决定》，新中国航空工业走过了整整60年的发展历程。

自1910年清政府在北京南苑设厂试造飞机到1949年新中国成立前，中国的航空工业整整40年没有建立起可称为独立产业的工业门类，基本限于简单的修理和机体制造，在国家的贫弱与动荡中艰难苟延。

建立一个完整强大并能与发达国家比肩的航空工业，一直是中国近代无数仁人志士、黎民百姓的呼号与夙愿。新中国成立不久，在抗美援朝的连天烽火与神州大地的百废待兴中，国家即决定建设和发展民族航空工业，并为此集中全国的优势力量支持。60年的历程，中国航空工业大体经历了四个阶段：从20世纪50年代到60年代前期的初创与快速发展时期；从60年代中后期到70年代的波折与缓慢发展时期；从80年代到20世纪末的恢复与振兴发展时期；21世纪前10年的崛起与跨越式发展时期。

2008年，中国航空工业集团公司重组整合不久即做出决定，在20世纪80年代航空工业部组织纂修新中国航空工业史的基础上，全面续修中国航空工业史。这个具有历史性、前瞻性的决定，开启了大规模续修中国航空工业史的序幕。

面对这项历史性工程，林左鸣总经理强调这是航空工业的要事、盛举，要做到“无出其右”！在高建设副总经理的领导下，一批长期在航空工业工作、具有较强写作能力的同志参与了撰写。

这次续修中国航空工业史，是中国航空工业史上的一项浩繁的史料搜集整理工程、重大的文字工程和系统的文化工程，其规模将远远超过上一次的修史。作为一套系列丛书，总编撰与出版量将达百余部书籍，约千万字的容量。

这套丛书本着“尊重历史、史从实出、存真弃虚、功过俱修”的原则，力争留下经得起当代人推敲与后人检验的专史与信史。丛书将分为五个系列。

一、总史部分：将在上次纂修1949—1988年新中国航空工业史的基础上，续修其后20多年的行业史，包括航空航天工业部（1988—1993年航空工业部分），航空工业总公司（1993—1999年），中国航空工业第一集团公司、中国航空工业第二集团公司（1999—2008年，分修）的行业史。为完整反映中国航空工业发展历程，对从1910年中国航空工业萌芽时期起到1949年这一段的中国航空工业史补充编修。

与此同时，分别纂修这几个历史阶段的大事记和总纂中国航空工业60年大事记。

二、专业史部分：在上次纂修部分专业史的基础上，续修航空工业各专业史，补修上次尚未纂修的一些专业史。

三、专题史部分：全面纂修以各历史时期航空工业重点型号为主要内容的专题史。

四、企事业单位史部分：在上次组织纂修部分企事业单位史的基础上，续修后20多年企事业单位史，同时组织上次未修史的单位进行补修。

五、人物·史料资料部分：作为修史工程的一项重要内容，续修航空工业人物传和回忆录，以及航空工业的各种史料资料，如《中国航空工业老照片》、《百年航空史话》等。

以上五个系列既各有侧重，独立成书，从不同方面反映航空工业的发展历程，同时又互相衔接，互为印证，形成《中国航空工业史丛书》。

编修航空工业历史中所揭示出的规律和规律性认识，可以使我们看到中国航空工业前进的身影，听到它“咚咚”作响的脚步声，更会使我们善用前人留下的财富，增长推动新发展的智慧。当然，在更新的历史环境与更重大的历史使命下，我们也不可能从既往的历史中找到全部答案，这就需要我们奋力去进行新的开拓，在建设航空强国的征途中去创造新的历史。

中国航空工业史编修领导小组

2011年4月

目　　录

王兴华 …… 1
李致远 …… 4
刘占山 …… 7
黄炳辉 …… 10
贾洁原 …… 13
陈绍力 …… 16
范学明 …… 19
邵文炳 …… 22
谢长吉 …… 25
张健民 …… 28
梁吉先 …… 30
张武文 …… 33
包成章 …… 36
崔明达 …… 38
王新民 …… 41
庄树山 …… 44
褚桂林 …… 47
韩湘德 …… 50
宋宗元 …… 53
王金城 …… 56
张志舫 …… 58
蒋绍南 …… 61

武振中 …… 64
张成宝 …… 67
李殿武 …… 70
李治国 …… 73
张增福 …… 76
吴之一 …… 79
徐赖观 …… 82
张茂林 …… 85
郑维康 …… 87
宋德云 …… 90
王杏春 …… 92
潘俊岩 …… 94
董宝堂 …… 97
张守业 …… 99
力　群 …… 102
张社一 …… 104
何　力 …… 106
周交臣 …… 108
杨亚东 …… 110
马振功 …… 113
李　征 …… 116
韩景田 …… 119
马远培 …… 121
彭守琪 …… 123
徐立祥 …… 126
吴乐书 …… 128
王发科 …… 131
石　彤 …… 133

康殿文 …… 136
杨一民 …… 139
赵长富 …… 141
冯绍周 …… 143
孟世才 …… 145
王宏俊 …… 148
杨庆才 …… 150
赵　灿 …… 152
郭成行 …… 154
红　士 …… 157
刘怀英 …… 159
刘安美 …… 162
张吉田 …… 165
曹同乐 …… 167
田　云 …… 168
杨　俊 …… 170
张　杰 …… 173
历功宽 …… 175
马　萍 …… 177
陆保义 …… 179
赵洪学 …… 181
刘忠义 …… 182
杨青山 …… 185
王南寿 …… 187
俞伟民 …… 190
张性原 …… 193
晋　川 …… 196
倪有生 …… 198

李根荣 …… 201
张　政 …… 203
沈培森 …… 206
洪亚新 …… 208
严　敏 …… 211
李国富 …… 213
赵凤岐 …… 215
赵光琛 …… 218

补　记 …… 221

后　记 …… 223

王兴华

王兴华（1911.6—1980.5），山东禹城人，飞机结构强度研究所（现中国飞机强度研究所，简称中航工业强度所）首任所长。1938年1月参加革命，1938年2月在禹城县游击队加入中国共产党。历任八路军山东冀鲁支队副指导员、津浦支队指导员。1939年到山西抗大总校学习，1941年结业后历任山东纵队二旅五团政治处组织干事、营教导员，滨海军区海陵县大队副政委、滨海军区军官教导大队政委、滨海军区三团副政委。1948年到华东党校学习，1949年后任华东军区三野特纵一团副政委、华东军区炮兵七师19团政委、师政治部副主任。参加过赵常庄守卫战，陆房突围战，架子山、梁山口反扫荡和济南、淮海、渡江战役。1951年到中国人民解放军军事学院学习。1954年毕业后任炮兵七师政治部主任、炮兵33师副政委。1955年荣获二级独立自由勋章和二级解放勋章。1960年后任国防部航空研究院第九研究所（现中航工业制造所）副所长，第三机械工业部（三机部）第30研究设计所（现中航工业自控所）副政委，国防部航空研究院第八研究所（现试飞院）副所长。1965年2月任飞机结构强度研究所所长，1975年任第三机械工业部第630研究所（现试飞院）副所长。1977年因病休养，1980年5月去世。

1965年1月，国家决定成立飞机结构强度研究所（简称强度所），1965年2月27日，航空研究院下发通知，任命王兴华为第一任所长。

强度所建设刚启动1年半的时间，“文化大革命”就开始了。按照当时的情况，强度所的总体建设速度还是比较快的，从1965年4月到1968年底，包括勘察地点、基建、第一架飞机（水轰5）试验的完成，总共用了3年多的时间，其中领导干部的率先带头起到了关键的作用。王兴华作为所长，发挥了不可替代的作用。

1965年4月，在王兴华的带领下，第一支勘察施工的队伍来到陕西耀县，他们马不停歇，投入到了紧张的建设工作中。由于勘察施工地形复杂，地处山沟，环境恶劣，再加上施工艰苦，很少休息，没多久王兴华患上了胸膜炎，不得不暂时离开岗位在医院接受治疗。就在患病期间他还多次询问建设情况，了解建设进展。

王兴华工作照

王兴华在工作上从不含糊，事业心、责任心很强。1965年11月，病愈回所后，他很快就来到工地，挑灯夜战，50多岁的老同志跟大家一起热火朝天地搞起了基地建设，很多同志劝他要多注意身体，他的一句真挚而朴素的话给人留下了深刻的印象"只要有一口气，就要干到底，党叫干啥就干啥"。

作为党的领导干部，王兴华以身作则，严格要求，要求别人做的事情，自己首先做到。王兴华原先在北京工作，为了祖国航空工业的建设，来到陕西耀县。当时的王兴华与妻子都已是50多岁的老同志，生活上需要互相照顾，组织上决定把他老伴儿一起调来，但是他坚决拒绝。他说："很多群众夫妻之间都还在两地分居，我把我的老伴儿调来，怎么向群众交代。"

王兴华十分体贴职工生活，并给予帮助。当时职工生活十分困难，尤其很多从外厂调来起骨干作用的老工人，由于科研单位、事业单位本身工资水平的差异，再加上来到偏远山区，无形中生活条件有所降低。为了解决好职工们生活上的问题，让他们在这里安心工作，为祖国的国防事业做出奉献，王兴华一是从住房上尽力给大家安排好住宿；二是在家属问题上，帮助调动，解决夫妻分居问题；三是给职工增加一部分"救济费"。王兴华认为不把职工的问题处理好，就没办法保证三线建设，他常说，把老职工照顾好，多带出几个徒弟比什么都强。此外，对待新徒工，尤其对年轻同志，也要保证他们的安全，不论什么事情，都要考虑周全。

强度所建设初期，地处山沟，为了能够保证飞机运输安全，必须要修建一条从耀县县城到所里的专用拖机公路。按当时要求，要修建一条公路不论从规划设计，还是到具体的施工都要坚持一条原则，就是“不占良田，少占耕田”。王兴华提出：“宁肯公路多转一个弯，也要把地省出来，这是党的政策，我们作为共产党员必须忠实执行，不能有半点含糊，谁要违反原则、犯错误，那是绝不允许的。”

“文化大革命”开始后，王兴华也受到了冲击，但就是在这样的情况下，王兴华仍坚持对群众说：“咱们该抓工作抓工作，飞机试验任务咱们不能耽误。”

王兴华十分重视和关心知识分子，总是尽最大能力帮助知识分子，对技术干部委以重任，因为他知道知识分子是难能可贵的人才。强度所从1965年建所，到1968年基本完成，经历可谓艰难曲折。职工生活困难，生活单调、枯燥，各方面条件都很艰苦，但就在这样的条件下，王兴华带领干部群众在陕西耀县的山沟里艰苦奋斗，顽强拼搏，建成了迄今为止国内航空工业唯一的飞机结构强度研究中心和地面强度验证试验基地，为祖国航空工业的发展打下了坚实的基础。

王兴华1975年调三机部第630研究所任副所长。1977年因病休养，1980年5月去世。

李致远

李致远（1914. 12—2005. 1），河南滑县人，星光电子仪表厂（现中航工业汉航集团参股企业）创建人。1935年参加“一二·九”学生运动，1937年6月投身革命，赴延安抗大学习。在八路军129师时参加过著名的百团大战。1938年加入中国共产党，先后任山西牺牲救国同盟会高平县特派员、晋东南游击队政治干事、八路军129师连政治指导员、敌后工作股长、晋鲁豫根据地山东冠县工商局长、聊城工商局长、裕兴火柴厂（现安阳火柴厂）厂长。建国后任平原省政府工业财政处处长、航空工业局办公室主任，国营新兰仪表厂（现中航工业兰飞）副厂长。1965年5月—1973年2月任星光电子仪表厂副厂长，后调陕西国营第182厂（现中航工业陕飞）。1984年离休，2005年1月去世。

星光电子仪表厂（原国营第101厂）是为填补我国天文导航仪表生产科研缺项的需要而兴建的，自1963年孕育选址到1965年定点。第一厂名为天文导航仪表厂，第二厂名为星光电工厂，后更名为星光电子仪表厂。

1965年4月，第三机械工业部选厂工作组选定在陕西省南郑县马仙坝建星光电子仪表厂，主要包建单位是兰州新兰仪表厂，成立了以李致远为首的第一批8人筹建班子。时任新兰仪表厂基建副厂长的李致远被任命为星光电子仪表厂副厂长（全面负责新厂的筹建工作）。李致远到现场查看了7次，当年5月即进点筹建，开始了偏僻山区三线建设的艰苦创业。

当时的星光电子仪表厂地处一片荒山野岭，路、电、水三不通，地形复杂，高低不平，条件很差，生活艰苦。李致远等筹建人员进入工地后，向大队部借了一间房，立即亲自动手砌灶安锅，初步安置后立即研究工作计划，确定1965年以解决路、水、电为中心，抓好勘测设计，并完成部分宿舍和食堂等生活福利设施，准备建筑用料，为1966年的大建快上创造必要的条件。在李致远的带领下，筹建班子分工合作，各负其责，工作进展很快。

从工厂至汉中公路基本畅通后，唯有汉江像一把利剑拦腰砍断了南北交通，古人

李致远生活照

留下的木船摆渡是连接南北交通的唯一工具。1965 年 10 月开始，西北局和陕西省委投资修建汉江大桥，李致远任副总指挥，并主管材料供应工作。施工中最初采用人工开挖桥基，但是不断塌方影响施工进度，为此李致远专程去河南请来一名技术员及两名技工，运用冲挖锤，加快了施工进度。1966 年 5 月，大桥落成通车，结束了汉江依靠摆渡的历史，贯通了汉中南北的交通。

1966 年，工厂掀起了大兴土木的高潮，厂区、生活区全面开工，工地上机器隆隆响，职工、施工队、民工不分你我，抬的抬，扛的扛，大家为建新厂豪情满怀，士气高涨。为加速三线建设，李致远提出了“大雨不停工，小雨当晴天，中午不休息，晚上加班干”等振奋人心的口号，他和大家战严寒，斗酷暑，晴天一身汗，雨天一身泥，用劳动的血汗换来了一座座拔地而起的新厂房。1966 年底，仅仅用了 15 个月的时间，工厂主要厂房和辅助生产厂房、生活用住宅等建筑基本建成。

为贯彻执行“边基建、边生产”的方针，工厂从 1966 年 10 月开始部分投产。首先投产的产品是 GG－1 高度传感器。1968 年 6 月，该产品试生产定型，成为汉中地区生产的第一个航空产品。1970 年 3 月，工厂确定要突出天文罗盘试制这个重点，先后召开了大干天文罗盘誓师大会和动员大会，提出了“苦干巧干破关键”的战斗口号，全厂干部职工废寝忘食、日夜兼程，克服生产、生活等重重困难，攻克重重技术难关，使该产品试制成功。1971 年 5 月，该产品设计定型，投入小批量生产。1972 年，工厂以生产 LTW－2 天文罗盘、QCJ－1 飞行参数记录仪、GG－1 高度传感器为主，超额完成全年产值、品种、产量计划，创造了工厂投产以来工业产值、商品产值、销售收入第一个高峰。

此后，工厂几经周折，披荆斩棘，逐渐发展为研制生产航空机载设备的专业化企业，为国防建设和航空工业的发展做出了积极贡献。

1973 年 2 月，李致远调陕西国营 182 厂工作。1984 年离休，2005 年 1 月去世。

刘占山

刘占山（1923.3—2009.1），山西孟县人，国营新安仪器厂（1996年1月8日与国营天安电器厂合并成立四川泛华航空仪表电器有限公司，简称中航工业泛华）首任厂长。1942年参加革命，任山西孟县游击队队长、武委会指导员；1946年6月起任山西孟县区办事处生产干事、区土改队组长；1948年3月起任察哈尔支前大队组长，晋中仓库、太原仓库接收组接管员；1949年起任太原印染厂副厂长、太原线材厂供应科科长；1953年8月起任国营第221厂（现中航工业太航）科长、党支部书记。1956年8月起任宝鸡航空仪表厂（现中航工业宝成）科长、党支部书记、党总支书记、副厂长。1965年6月任国营新安仪器厂厂长、党委书记和291总厂副厂长等职务。1969年11月任雅安第三机械工业部川西机器厂（现中航工业川西机器）厂长、党委书记。1979年11月调四川省三机局任副局长。1983年3月离休。1988年获航空工业部颁发“献身航空工业三十年”荣誉证书。2009年1月去世。

1964年5月，中共中央和毛泽东主席在中央工作会议上提出了建设“一、二、三线”的战略决策。当时，我国的国防工业正处在发展之中，119厂将划归第七机械工业部。第三机械工业部（三机部）内急需新建一个油耗量仪表厂，于是三机部决定，在四川雅安兴建国营新安仪器厂，作为三线建设的重点项目之一。

1965年4月25日，刘占山等3人从陕西宝鸡来到雅安踏勘厂址，开展工作。根据三机部批准的《航空油耗量仪表厂的设计任务书》，三机部第四设计院做出初步设计，最初厂址选择在雅安县城原“大跃进”期间上马的雅安钢铁厂旧址，开始建厂。1965年6月11日，三机部任命刘占山为厂长。1965年9月，中共国营新安仪器厂委员会成立，刘占山任党委书记。作为厂长和党委书记，刘占山和广大职工一起，在工作条件极其简陋、生活环境非常艰苦的条件下，开始了艰苦的创业，他们克服重重困难，夜以继日地工作。

1966年1月，三机部决定，将291厂、241厂、174厂合并成立291总厂（对外厂名仍用国营新安仪器厂），厂址定在飞机坝。原291厂为第一分厂，原241厂为第二分

刘占山工作照

厂，原174厂为第三分厂，第四分厂为机修工具厂，第五分厂为热表处理及动力试验厂。1966年3月26日，三机部任命了总厂领导人，陈子良任厂长兼党委书记，副书记李光，副厂长刘占山、李玉良，政治部主任曹心义。

1966年3月，国家计委和西南三线建委空中考察工厂厂址，认为总厂建在飞机坝目标太明显，不符合“靠山、分散、隐蔽”的方针。5月7日，三机部下发《关于291厂变更厂址的通知》。最后确定，总厂和一分厂建在李家沟，二分厂建在周公河，三分厂建在封家沟，四分厂建在雅安钢厂旧址，撤销五分厂建制。

刘占山负责总厂和一分厂在李家沟建厂。为加强基建施工的组织领导，291总厂党委与施工单位（建工部101公司、四川省第一安装公司五队）联合组成了现场指挥部，刘占山作为3个副总指挥之一，和参加三线建设的职工、民工、施工队伍近千人，分兵向李家沟进发，施行“三通一平”（路通、水通、电通和平整土地）。一场与天斗、与地斗的战斗打响了。逢山开路，遇水架桥，炸山填沟，让水管翻山越岭、电杆高耸云间。当时正值秋天雨季，一个月下了14天中雨和大雨。为了不影响施工进度，指挥部提出要求：“大雨小干，小雨大干，无雨拼命干”，“一天顶两天，晚上当白天”。这个口号激发了广大群众建设三线的热情。不分民工和职工，不分工人和干部，不分领导和群众，一齐上阵，并肩劳动，挖的挖，背的背，拉的拉，抬的抬。沉睡的李家沟苏醒了，劳动大军头顶烈日，冒着风雨，白天攻坚战，夜晚连轴转，就这样拼命地干。

建厂初期，工作条件极其简陋，生活环境非常艰苦。职工寄宿村舍民房、草屋工棚，连雅安广场舞台也成了集体宿舍，夫妻只得分居。“吃食堂，住草房，办公在床上；顶风雨，走泥泞，车灯来照亮；既当干，又当工，干群同劳动；不计时，不计酬，不分昼夜忙。”这就是早期来厂职工艰苦创业的写照。

“三通一平”之后，转入大规模的厂房建设。现场党委和指挥部适时地组织基建大会战，集中兵力，“各个击破”。技术人员到现场，材料送到工地，指挥部夜间有人值班，遇到问题“小事不过时，大事不过夜”。领导干部、技术人员、工人紧密合作，经过 1 年多的努力奋战，工厂 1967 年底取得了大会战的胜利。同时，工厂坚持“边基建、边生产”的方针，分两条战线作战。经过努力，完成了燃油耗量表等产品的设计，采取“土法上马”等形式，生产产品零件……

“文化大革命”初期，出现了“迁厂”和“独立”风。三机部先后下发 3 个文件，1967 年底正式决定撤销 291 总厂，一分厂随之独立，厂名依然是“国营新安仪器厂”。

由于工作需要，刘占山于 1969 年 11 月调往第三机械工业部川西机器厂工作，任厂长、党委书记。1979 年 11 月调四川省三机局任副局长。1983 年 3 月离休，2009 年 1 月去世。

黄炳辉

黄炳辉（1932.9—2009.9），湖南长沙市人，国营龙岩机械厂（现贵州龙飞航空附件有限公司，简称中航工业龙飞）筹建组组长、首任厂长。1950年黄炳辉考入湖南长沙工业学校，1952年毕业分配到国营第112厂（现中航工业沈飞）工作，历任计划员、调度室主任、生产车间副主任、车间主任；1965年7月—1966年10月，任国营龙岩机械厂筹备组组长、代厂长。1966年11月—1972年5月，在“文化大革命”中下放劳动。1972年6月—1980年8月，任国营龙岩机械厂生产组组长、革委会主任、厂长，1980年9月—1991年8月，任011基地综合计划处处长、贵州航空工业管理局副总工程师，1992年9月退休。黄炳辉在1983年、2005年、2006年分别荣获011基地机关、贵航集团公司“优秀共产党员”称号。2009年9月去世。

1965年7月，国营松陵机械厂（现中航工业沈飞）党委任命黄炳辉为筹建组组长，郭林池、姜春芳为副组长，率领第一批23名骨干人员到贵州筹建大三线飞机起落架、作动筒、液压附件厂，即国营龙岩机械厂（简称龙岩厂）。

组建龙岩厂，是国营松陵机械厂党委根据三机部的指示，遵照中共中央、毛泽东主席关于“备战、备荒、为人民”和“要准备打仗，加快大三线建设”的指示精神，由老厂包建新厂，并且一包到底的原则筹建的。即按业务对口组建班子，从人员输送、家属搬迁、物资调拨、设备划分、技术指导到产品生产、飞机上天都要善始善终包到底。当时国营松陵机械厂党委指出，要“好人好马上三线”，所选派的工程技术人员和管理班子都是具有丰富经验的、能吃苦耐劳的，且技术业务配套的干部队伍。

1965年8月，黄炳辉带领筹建组正式进驻选址点，开始了龙岩厂筹建工作。龙岩厂的厂址确定在贵州省镇宁县安西区龙潭大队一处名叫九头坡和杨邱湾山沟峡谷之中，那是一个荒无人烟、杂草丛生、狼狗出没的地方。在头顶青天、脚踏荒山的原野环境之中，要进点必须先解决立足之地和住的问题。经黄炳辉与当地政府协调，在龙潭大队找到了一间用大石头垒起、四周无窗、四面透风、地面潮湿的废弃仓库。就用基建用的木板和当地大石头搭起了通铺，筹建组在这里安家了。

以黄炳辉为组长的筹建组，在当时生活、工作极为艰苦的情况下，夜以继日地忘我工作。白天跋山涉水，晚上在昏暗的蜡烛光下，制订计划安排第二天工作。每个人都以吃苦为荣，不计报酬，不讲条件，不分晴天下雨，不管白天黑夜，从未休过星期日。劳累到半夜，倒在通铺上就睡着了。因屋面到处是空隙，碰上雨、雪天，就有小雨点、小雪花点打在脸上和被子上，但大伙照样睡得很香，大家一心为了三线早日建成，任劳任怨。

1965年年底，工厂基本完成了“三通一平”的基础建设和整治工程，并建好两栋干打垒宿舍。1966年即开始大批进入施工队伍和民工，进行厂区建设。

1966年3月下旬，011工程指挥部（现中航工业贵航）党委在龙岩厂筹建工地召开011工程党委扩大会，决定了龙岩厂区的设计勘测、施工队伍。龙岩厂现场会后，工厂建设得到了四面八方的支援。由于上级领导的重视和地方各级政府的大力支持及以黄炳辉为现场指挥的援建人员的共同努力，使龙岩厂建设工程提前一年建成。

1966年3月，三机部在北京召开会议，确定011基地生产歼7型飞机，并要求新厂的建设走大庆道路，发扬延安精神，艰苦奋斗，勤俭创业，利用已经建成的厂房条件，争取多干一些。1966年8月17—23日，现场工程指挥部在安顺召集了沈阳等13个老厂和贵州各新厂参加的生产技术准备工作会议。会议要求011基地龙岩厂1966年三季度基本完成建设，四季度部分产品投产。

为确保投产并生产出第一件产品，黄炳辉在开工动员大会上号召全厂职工自力更生、奋发图强、艰苦奋斗、齐心协力、克服困难，以实际行动干出优质的产品，为首

黄炳辉工作照

架飞机上天做出贡献。

厂长的动员令极大地鼓舞了全厂职工，1967年二季度首批歼7原型机前主起落架、作动筒、液压附件、开关阀门交付，龙岩厂按期完成了首批产品生产。

“文化大革命”开始后，黄炳辉受到冲击。1972年落实政策后，恢复了龙岩厂厂长职务。但当时由于受“文化大革命”动乱的破坏，工厂生产、人员思想、生活都处于极端混乱的状态，工作难度较大。在这样的困难面前，黄炳辉始终坚信党的领导，以身作则，大公无私，不计较自己在浩劫中所受的不公正待遇，对待同志一视同仁，事事秉公办理，依靠广大群众，同领导班子一起团结拼搏，艰苦创业，在较短时间使生产走上正轨。

1975年，邓小平同志提出了“国防工业要进行整顿”的指示，黄炳辉同领导班子一起通过学习，结合工厂现状，组织开展全面系统的质量整顿工作，建立健全生产、管理、技术规章制度。经过近3年的努力，工厂起了很大的变化，生产、生活各项工作取得一定成绩。1978年龙岩厂被贵州省、三机部授予“工业学大庆先进企业”的荣誉称号。

1980年9月，黄炳辉调011基地任综合计划处处长、贵州航空工业管理局副总工程师。1992年9月退休，2009年9月去世。

贾洁原

贾洁原（1923. 8—2006. 3），河北徐水人，国营红原锻铸厂（现陕西宏远航空锻造有限责任公司，简称中航工业宏远）首任厂长。1939 年 9 月参加革命，1940 年 8 月加入中国共产党。曾先后担任南白塔村青联会主任、区文救会主任和区政府行政秘书。1945 年 2 月—1948 年 8 月，任徐水县九区区长、山西盂县土改工作队组长；1948 年 8 月—1951 年 3 月，历任河南登封县六区区长、县委秘书、城关区区长、登封县副县长；1951 年 3 月—1953 年 6 月，任登封县县长；1953 年 6 月—1954 年 8 月在中南局城工部任政研组组长；1954 年 8 月—1955 年 9 月任国营 853 厂（现陕西华达科技有限公司）副厂长。1955 年 9 月开始为期 4 年的大学学习生活。1959 年 8 月担任国营红旗机械厂（现中航工业西航）副总工程师，1962 年 12 月任供应副厂长。1965 年 7 月—1978 年 1 月，任陕西国营红原锻铸厂厂长兼党委书记。1978 年 1 月—1982 年 11 月，先后任庆安机器厂（现中航工业庆安）党委副书记、厂长、党委书记；1982 年 11 月调西安市物资局任局长、局党组书记，后任西安市顾委委员。1993 年 12 月离休，2006 年 3 月去世。

1965 年 6 月，三机部决定在陕西省三原县建设一个专业化的锻造和精密铸造毛坯工厂，1965 年 7 月，三机部任命贾洁原为国营红原锻铸厂（简称红原厂）厂长，并成立了以他为首的建厂筹备小组。根据三机部要求，红原厂于 1965 年底完成厂外公路，接通临时水、电源，建设部分宿舍及施工用暂设工程，尽快形成一个立足点，为 1966 年大施工做好准备。面对时间紧、任务重、条件不充足的严峻挑战，贾洁原带领广大职工以强烈的责任感投入到三线建设工作中。

为了迎接大批职工和施工人员进入现场，在贾洁原的领导下，工厂组织 20 多名干部，利用旧门窗搭建了食堂和库房。租赁和修理了农民的房屋和窑洞，解决了工厂和施工单位 100 余人的吃住问题，同时组织农村工匠完成了 1100 米^{2}的暂设工程。在建设过程中，广大干部职工边干边学，同当地农民团结起来，运材料、拉电线、立杆子，他们顶着严寒，冒着酷暑，争分夺秒，日夜苦战。建设者们每天往返于工厂与三原县

贾洁原（前开翻斗车者）和职工参加基建劳动

城之间，每天步行数十里，在17天内完成了11千米电线的铺设；114天完成了厂区到三原县城12.792千米公路的修建。

从1965年7月至1965年12月，经过5个多月的努力，在贾洁原的率领下，红原厂筹建工作不仅完成了三机部原定计划，而且超额完成了3%的任务，基本上实现了“三通一平”，即路通、水通、电通，平整土地，为1966年大规模施工创造了极为有利的条件。

1966年，红原厂基础建设工程全面铺开。1966年初，经陕西省委批准，工厂成立了由贾洁原等5人组成的临时党委会，由咸阳地委领导，贾洁原为工厂代理党委书记，同时，成立了红原工地指挥部，贾洁原任指挥长。在建设红原誓师大会上，贾洁原讲形势讲任务，号召全体人员艰苦奋斗，勤俭建厂，确保高质量按期完成三机部下达的基建工作任务。他在会上提出，要发扬大庆精神，在施工中有条件要上，没有条件创建条件也要上，坚决完成国家下达的任务，为国防建设做贡献。

1966年3月，中共西北局三线建设指挥部对红原厂初步设计总平面图提出意见。针对提出的意见，贾洁原会同领导班子成员经过了反复研究，并给三机部有关领导写了报告。他站在国家利益的高度，详细阐述了工厂现址的优势，并提出了科学可行的补救措施和建议。经过实地考察，上级同意了红原厂现址地理位置，不仅为国家节约了资金，而且符合当时国家三线建设的基本条件。

从1966年5月开始，工厂土建工程和设备安装工程同步进行，并取得了明显成效。模锻厂房、自由锻厂房、热处理厂房、大模具加工厂房在当年三四季度相继完工。1967年4月，模具制造车间投产。在当时艰苦的条件情况下，贾洁原一切从国防建设出发，没有“等、看、喊”，而是带动全体职工“争、抢、干”，各项工作同步进行，以最快的速度解决了锻造加热问题，使部分锻造设备提前投入生产。

受“文化大革命”的影响，1967年7月，贾洁原“靠边站”，工厂不能正常工作，基建工程受到严重影响。贾洁原和工地班子成员力排挤压，以极大的勇气牢牢抓住基建不放松。他们一手抓基础建设，一手抓配套生产，一边试生产，一边进行练兵，使开工的一些项目和生产进展顺利，按计划完成了任务。

1978年后，贾洁原调到庆安机器厂、西安市物资局等部门工作。1993年12月离休，2006年3月去世。

陈绍力

陈绍力（1920.2—2005.9），江苏无锡人，国营金江机械厂（现中航力源液压股份有限公司，简称中航工业力源液压）首任厂长。1938年2月在陕甘宁边区历任工人、技术协助员、工务员、工务股副股长；1947年11月加入中国共产党。1947年11月在渤海军工六厂任工务室副主任，厂务室主任。1949年2月任中南兵工局徐州西关修械厂工务室主任，徐州铁工厂工务科副科长、生产管理科科长。1950年9月任第三兵工厂技术科长、湖南株洲兵工厂（现中航工业南方）技术科长、施工科长、副总工程师、总工艺师、生产副厂长。1955年8月任沈阳航空喷气发动机厂（现中航工业黎明）副总工程师。1957年9月—1960年8月在石家庄工业干校、北京机械学院、北京航空学院学习。1960年9月在西安国营红旗机械厂（现中航工业西航）任副总工程师、生产副厂长。1962年9月在南京金城机械厂任总工程师。1965年9月—1978年12月，任贵州国营金江机械厂（现中航工业力源液压）厂长、国营红林机械厂（现中航工业红林）生产组副组长、011基地发动机组组长、基地副主任。1979年1月—1979年11月任上海市航空工业办公室副主任、党组成员兼上海长征机械厂党委书记、厂长，1979年12月—1985年9月任上海市航空工业办公室副主任。1985年10月离休，2005年9月去世。

陈绍力于1965年9月，怀着航空报国，建设祖国三线企业的理想，离开条件优越的城市，奉命来到贵州省大方县的大山深处，组织筹建三线企业国营金江机械厂，并任厂长。

金江机械厂厂址选定在距贵阳市178千米的大方县理化区羊场坝（原国民党军用飞机发动机制造厂），主厂房建在一个名叫乌鸦洞的山洞里。工厂管理部门及辅助单位布置在与山洞相邻的狭长山沟里，职工上下班则要翻过一个陡坡下到沟底进洞上班，生产、生活条件异常艰苦。就是在这样的条件下，陈绍力带领从全国四面八方汇聚的第一批创业者，开始了以荒山为伍，和清贫作伴的艰苦创业历程。

为了使工厂早日具备研制生产条件，1966年7月，陈绍力身体力行，组织带领干部职工进行了主厂房乌鸦洞通风尾洞的开凿，创造了在没有任何机械设备条件下的人工开凿隧道工程的纪录。经过3个多月的日夜三班轮流开凿作业，硬是用钢钎铁锤开凿出一条长240米、宽4米、高5米的通风尾洞，为主厂房施工建设创造了条件。

在远离城市的荒郊野岭里建设厂房，水电供应是最困难的，也是最为重要的基本条件。1966年4月，贵州省为解决金江机械厂和邻近的三线企业的供电问题，决定由金江机械厂负责建设施工距工厂28千米远的六龙曙光火力发电站。工厂在建设电站的同时，要架设一条由工厂所在地羊场坝至六龙曙光发电站相距11千米长的3.5万伏高压线路。这条高压线的架设经过之处，山峰险要，杂草丛生，坡陡崖深，峡谷纵横。时值冬季，天气寒冷，细雨绵绵，道路泥泞。陈绍力与工厂其他领导组织200余名干部职工翻山越岭，开辟施工便道，用铁锤钢钎开山放炮挖洞，将270根上千斤重，十几米长的水泥电杆用人力抬到几千米外的架设安装现场，竖杆、埋实。然后分成两支队伍分别从厂区和六龙电站相向架设，每两组电线杆之间相距200～300米，放3根钢绞裸铝线，每根重两吨，需要40个人拉牵，工作异常艰难。经过两个多月的艰苦奋战，顽强拼搏，终于完成了3.5万伏高压线路的飞架任务。

工厂创建初期，正值“文化大革命”动乱时期，工厂的建设进程受到严重干扰，包括陈绍力在内的工厂领导班子成员，都不同程度地受到冲击。但在以陈绍力为代表的工厂各级干部领导下，全厂职工紧紧把握三线建设的大方向，排除各种干扰，用3年时间基本完成了工厂一号洞主厂房和厂区辅助厂房设施的建设任务。1970年2月，工厂组织动员全体职工积极投入到设备进洞、安装投产的战斗中，并提出“抢时间、争速度、力争早日投产”的口号。陈绍力等工厂领导亲自到工作现场参加设备的搬运工作，鼓舞士气。职工们发扬大庆王进喜同志的铁人精神，自觉实行“八进八出”的

陈绍力生活照

工作程序，每天工作 12 小时以上。硬是运用人拉、身背、肩扛的原始方法，仅用了 50 余天时间就将近千台机床、动力设备、通风设备，办公用具搬运进洞内，吊往楼上，逐台逐件安装调试到位，高质量、高水平地完成了设备安装任务，确保了工厂 1970 年 3 月 25 日正式开工投产。

投产后，陈绍力与全厂职工以饱满的政治热情，全身心地投入到完成国家军品生产任务的工作之中。在试生产的日子里，设在一号洞的生产 4 个产品的机加车间和装配车间、工具车间，彻夜灯火通明，机器轰鸣。可是要在深山峡谷中的乌鸦洞里生产出高精度的航空产品，困难之多、难度之大是难以想象的。但是，陈绍力不唯上，不唯书，只唯实，与技术、质量、生产管理和生产车间的同志，群策群力，想方设法，克服困难，开展积极有效的技术攻关，攻克了在高原高寒山区的潮湿山洞中研制生产高度精密的航空液压柱塞泵的各种技术难题，只用了半年时间就研制出了为歼 7 飞机配套的两型产品，向国庆 21 周年献上了一份厚礼。并为 1971 年两型产品定型，投入批生产，装备部队提供了条件，奠定了基础。1971 年，按照第三机械工业部的要求，又成功完成了另一型航空液压柱塞泵的试制定型。并且，三型液压柱塞泵试生产成功定型后，经过对工艺装备、技术资料和加工操作的考验与锻炼，三型产品先后转入批生产，保质保量地交付部队使用，及时满足了部队需要，为祖国的国防建设做出了贡献。

陈绍力于 1979 年 1 月调上海市航空工业办公室工作，1985 年 10 月离休，2005 年 9 月去世。

范学明

范学明（1920.12—2003.1），江苏启东人，国营五一机械厂（现长沙中传机械有限公司，简称中航工业中传）首任党委书记。1942年3月在江苏启东县参加新四军，1944年在苏北东台加入中国共产党。1942年3月—1945年8月，在新四军东南军工处和一师三旅司令部当修枪工人和组长。1945年9月—1951年1月，先后在苏中四分区军工部、山东鲁南军工部、渤海兵工局和徐州兵工厂担任车间主任。1951年2月从部队调到中南兵工局七一兵工厂（现中航工业南方），历任装配车间主任、生产指挥长、副厂长，1965年9月调第八分厂，后改为国营五一机械厂，任施工现场党委书记、指挥长，国营五一机械厂首任党委书记。1967年12月调往沅陵302指挥部任副主任。1973年12月—1976年11月，任013基地生产组副组长。1976年11月—1983年12月湖南省三机局（现湖南航空工业局）任副局长。1983年12月离休，2003年1月去世。

1965年，为贯彻第三机械工业部党组关于湘西三线建设方针，将国营湘江机器厂（现中航工业南方）第八分厂（齿轮车间、中小钢制件车间），改建为航空发动机中小零件加工厂，为今后涡轮发动机生产配套产品创造条件。时任国营湘江机器厂副厂长的范学明受命参与第三机械工业部和湖南省组建的选点工作组，沿湘川公路及沅水两岸踏勘了8个县14个点，最后选定沅陵县城两岸原五一农机厂厂址（五一农机厂迁走）为国营五一机械厂厂址。

1965年9月，范学明肩负重托，任国营五一机械厂施工现场党委书记、指挥长。他依照第三机械工业部工作组现场审查的建厂方案，精心组织厂方、施工方、地方民工三股力量，于1965年11月3日新建厂房开工，从而揭开了湘西三线航空工业建设序幕。经过整整1年艰苦奋战，新厂房于1966年10月底竣工，11月初交付国家验收。此时，厂区新建面积16500米^2，金属切削设备315台，人员1100人。1970年3月，按第三机械工业部要求，国营五一机械厂正式独立，扩建成为直升机用的涡轮轴式发动机传动机匣和体外减速器生产厂。

1966 年范学明（前排右三）与建厂现场指挥部人员合影

范学明带领全厂干部职工在 1 年的时间里，以高速度、高质量、低造价建成一个现代化的工厂。他以身作则、身先士卒、艰苦奋斗，无论是寒冷的冬天，或者是炎热的夏天，在施工最紧张的日子里，他总是出现在职工群众面前。当时 1 号装配厂房后山滑坡，泥石流冲垮了厂房一大角，屋架危在旦夕，他连夜组织职工、民工，通宵达旦奋战在现场，风吹雨淋，忘记疲劳饥饿，直至排除危险时，他已经在现场奋战了两天三夜。在厂房建设期间，他与职工群众一起，住工棚、睡地铺，经常与蚊子、老鼠“为伍”。在他身上，人们看到了“老兵”的身影，这种无穷的力量，感染、鼓舞着每一个职工。

在工程指挥上，集中力量打歼灭战。根据革命化、地方化，先生产、后福利，生产从精、从新，生活从低、从简的三线建设原则，范学明先后组织三次会战。1966 年 3 至 4 月，建成水、电、风、气四站；1966 年 5 月，组织工具机动、热加工、中小钢制件车间局部投产，考验动力运行状态，进行调整完善，以迎接主力部队——齿轮车间投产；组织主厂房、生活区的建设。在建设中，范学明推广新技术、新工艺，搞现场试验，打破旧方法，做到边设计、边土建、边安装、边投产，有时一般图样跟不上，就在施工现场搞“三结合”进行讨论，决定后立即行动。范学明带领一班人，组织工程技术人员到工地，同干部、工人座谈，开调查会，根据地质、地形，适当调整厂房布局，将冷、热加工车间，分别布置在 Y 字形 3 个地段山沟内。生产污水设专用中和池及时处理，达标后，由下水沟单管排放，不造成污染，不影响环境；生活区建设不征不占良田，家属宿舍建在山丘上，建成地方化的干打垒平房，造价均在 36 元/米^2 左右。学校、商店等设施，充分利用地方现有条件，不单独另建，节约投资费用。

在组织管理上，实行“十统一”，以减少环节，加快工程建设。即统一领导、统一思想、统一计划、统一指挥、统一供应、统一劳动（工地义务劳动安排等）、统一经济核算、统一技术管理、统一政治文化生活、统一行政福利，通过“十统一”联合作战，获得了成功。这些经验在此后的湘西三线航空工业建设项目中得到了推广和应用。

在与地方关系上，范学明倡导并身体力行，三线建设要尊重地方党委领导，依靠当地群众建厂、护厂。他常在干部会上强调，工厂与地方是鱼水之情。工地建设一开始，就得到了地方各级党组织政治上的热情关怀和支持。县委主要领导常来工地视察指导工作。为协调处理各方面关系，及时处理各种问题，县委县政府派出两名领导干部常驻工地，全权协调处理工厂与地方关系，工地建设期间，始终得到地方党委、政府在人力、物力上的大力支持。据不完全统计，当时就有 1 万多人以不同方式为工厂服务，工厂与地方关系一直很融洽。

1966 年 11 月，工厂顺利建成，受到地方各级组织、第三机械工业部的充分肯定和赞扬。国家验收组组长于辉，在 1966 年 11 月 3 日的验收大会上致辞表示：“第三机械工业部认为，在整整 1 年时间里，在这样一个交通阻塞的山沟里，建成了一个现代化的工厂，这个速度是快的，是第三机械工业部系统的先例，希望全厂充分发挥内地建设的先行作用、样板作用和基地作用。”

1967 年 12 月起，范学明先后调往沅陵 302 指挥部、013 基地、湖南省三机局工作。1983 年 12 月离休，2003 年 1 月去世。

邵文炳

邵文炳（1932.7— ），安徽桐城人，国营双阳机械厂（2011年5月与国营云马机械制造厂、贵航无人机有限责任公司、贵州凌云航空物资供销公司、贵航飞机设计研究所重组整合为贵州飞机有限责任公司，简称中航工业贵飞）首任厂长。1949年4月，邵文炳参加“中国民主青年联盟”，曾任沈阳空军鲁班部队五中队学员。1951年5月起历任国营112厂装配工、技术员、调度组长、车间副主任、车间主任。1952年7月加入中国共产党。1965年9月调入贵州011办事处（现中航工业贵航），任国营双阳机械厂总工程师，1978年2月任国营双阳机械厂厂长。1982年4月，调入汉中012基地（现中航工业汉航），任陕西182厂总工程师，1984年7月任012基地副主任兼182厂厂长，1985年3月任182厂党委书记，1986年9月任182厂第一厂长，1989年3月任182厂科技委主任。1988年荣获国防科工委“献身国防科技事业”荣誉证书和证章，同时获航空工业部“献身航空工业三十年”荣誉称号。1992年荣立航空航天工业部运8飞机大改二等功。1993年离休。

1965年12月3日，邵文炳带领7名朝气蓬勃的年轻人，风尘仆仆从沈阳来到了黔中安顺这片热土。这一天，被定为国营双阳机械厂的建厂纪念日。

尽管有一定的思想准备，但三线建设的艰苦程度还是超出了邵文炳的预料。一切从零开始，没有住的地方，大家就自己动手，搭设席棚子、篱笆棚子，四面透风，外面下大雨、里面下小雨。后来建设干打垒宿舍，由于当时“左倾”错误的影响，干打垒宿舍的标准很低，每平方米造价要求控制在40元以下，但好歹算是把住的问题解决了。没有水喝，只有靠稻田里的水、小水坑里的积水作为生活用水，天旱的时候就只有去很远的地方挑水，洗完脸的水舍不得倒掉，留着沉淀后循环使用。

工厂建设首先从“三通一平”开始，即路通、水通、电通和平整土地工作。以邵文炳为组长的筹建组，经过简单而紧张的准备工作后，首先开始了连接滇黔公路的1.67千米进场道路的修建和临时水源、电源的勘测工作，为宿舍工程开工和机场土石方开工创造条件。短短1周后，在附近村寨民工的帮助下，完成了进厂公路的铺设任务，揭开了工厂基本建设的序幕。

随着施工单位大批人员的进厂，解决临时水、电供应成为十分紧迫的任务。邵文炳和筹建组的同志们决定先采用柴油机发电，解决燃眉之急，然后组织人员克服重重困难，背着炸药和电缆，架设了 9 千米长的高压线路，铺设供水管道 1 万余米，为厂区的建设创造了条件。

为了尽快建设一批干打垒小平房，大家自己动手，每个星期抽出三天参加建厂劳动。邵文炳带领班子成员，和职工同志们一起奋战，每天从早上八点开始一直挑灯夜战到深夜十二点，争分夺秒、夜以继日，不言艰苦，不计报酬。

国营双阳机械厂是按照生产歼 7 飞机来设计筹建的。建厂初期，在主要生产厂房尚未建成的情况下，便开始了生产准备工作，并利用简易条件部分投产。1967 年，工厂按照工艺分工组建了总装、试飞、导管、特设等生产准备组，又经过 1 年多的紧张工作，备齐了工装设备、技术资料等，导管和电缆首先部分投产。

1969 年 8 月，三机部发文，要求国营双阳机械厂停止歼 7 飞机生产的一切准备工作，转产歼 6Ⅲ飞机，并要求 1970 年试制成功，1971 年达到批生产水平。邵文炳被任命为歼 6Ⅲ飞机试制技术总负责人。

在当时的条件下组织生产是极端困难的。“文化大革命”开始后，工厂机构瘫痪，无政府主义泛滥。1969 年 9 月，工厂实行军管，首先稳定了形势，使生产逐步走上正轨。为了更有效地进行生产、技术的准备工作，邵文炳和军管组的同志一起，调整了干部，建立了相应的组织机构，完善了工艺系统，制定了必要的规章制度，从而在十分艰难的条件下保证了飞机生产线的正常运转。

1970 年 5 月，飞机散装件全部从沈阳运到工厂，工厂提出了“向国庆献礼”的目

邵文炳工作照

标，全厂职工为在贵州高原生产出第一架飞机积极行动起来。为了抢时间，许多人吃在车间、住在车间，有的几天几夜不回家。以邵文炳为代表的工厂领导始终在现场指挥生产，出现问题立即和设计人员、工艺人员一起千方百计解决，白天黑夜连轴转，从而保证了飞机总装周期。

1970年9月18日，贵州高原上第一架飞机飞上了祖国的蓝天，飞行17分钟，安全着陆，首飞成功！三线建设的创业者们，经过5年的艰苦努力，在“文化大革命”的逆境中奋战，终于结出了果实。

随后的几年，以邵文炳为代表的双阳人，又相继把歼6甲型机、歼6原型机、歼7Ⅱ型等飞机送上了蓝天。邵文炳和当年的厂领导一道，组织指挥全厂职工排除万难，苦战攻关，完成了多个机型的研制、定型和批量生产任务。

1982年4月，邵文炳调往陕西182厂工作。1993年离休。

谢长吉

谢长吉（1926— ），山东沂南人，国营云马机械制造厂（2011年5月与国营双阳机械厂、贵航无人机有限责任公司、贵州凌云航空物资供销公司、贵航飞机设计研究所重组整合为贵州飞机有限责任公司，简称中航工业贵飞）首任党委书记。1938年在当地任村儿童团团长、村抗日先锋队队长，1944年2月加入中国共产党。抗日战争时期，历任村青年抗日先锋队队长、“青救会”会长、区“青职”委员。1945年2月起，任山东沂南县区委干事、鲁中军区第二军分区教导营区队长。解放战争时期，任山东太宁县武工队副队长、天宝区武装部部长、太宁县委新干部训练队队长、南下干部纵队二支队十大队参谋。中华人民共和国成立后，任共青团浙江省永康县委副书记，中共浙江省永康县委组织部副部长、宣传部部长，中共浙江省金华地委统战部科长。1954年7月起奉调支援国家重点建设，历任国营第112厂（现中航工业沈飞）副科长、车间主任、科长、党总支书记、党委宣传部部长。1965年12月参加航空工业三线建设，任贵州国营云马机械制造厂党委书记，后调贵州国营双阳机械厂任党委书记。1977年11月调贵州省第三机械工业局任政治部主任、党组副书记兼纪律检查委员会书记。1981年3月调国营松陵机械公司（现中航工业沈飞）任党委书记，后任顾问。1986年10月离休。

1965年12月，谢长吉为了积极响应党中央和毛泽东主席“好人好马建三线”的号召，作为首批拓荒者之一，毅然放弃了城市优厚的生活条件，从国营松陵机械厂调贵州国营云马机械制造厂（简称云马厂）任党委书记。

在那个经济贫乏、信息交通极为不便、人民生活极为艰苦的年代，当时的贵州航空工业仍为一片“静土”。而云马厂建厂选址更是在距市区20余千米的山沟里，只有几条勉强能通行的小道出入，周围灌木丛生。那时谢长吉和其他的领导、技术人员住的都是自己搭建的席棚。12月的贵州，虽没有北方零下几十度的酷寒，但也是阴冷入骨，当时的席棚仅仅能作为一个休息的场所，连遮风避雨都很难做到，外面下大雪，里面下小雪，早上起来，连被子上都是一层白白的雪花。为了搞好“三通一平”（路通、水通、电通、平整土地），谢长吉和庄树山厂长除了在工地上和民工一起劳动外，

谢长吉生活照

还频繁地奔走于周围的各个村寨，组织职工为农民干农活，插秧、挑粪、送肥、支农抗旱，为农民理发。当时厂里唯一的女医生还经常深入村寨为农民看病，逢年过节还去村寨慰问，当时的农工关系是非常融洽的。地方各级政府和农村社员对云马厂的建设非常支持，出人出力，尤其是涉及到迁坟、买地等事情，进行得都比较顺利。职工白天都在工地劳动，到了晚上谢长吉还不忘组织职工进行学习，充实自己，并且每周还分三次到周围的村寨上文化课。那时谢长吉和庄树山厂长等领导和职工都做到了“五同”，即同吃、同住、同劳动、同学习、同娱乐，除了分工不同外，并没有其他差别。

“文化大革命”时期，云马厂的建设陷入了前所未有的复杂局面，谢长吉受到了不公正待遇。但这些并没有打倒他，身体的折磨并没有使他忘记来到贵州的初衷，依然尽心尽力为云马厂做着贡献。

1975年，全国各行各业都在按照中央精神进行整顿，谢长吉带领云马厂抓整顿、促生产、保稳定，使工厂的生产形势有了很大的好转。生产现场是谢长吉出入最频繁的地方，作为党委书记，除了从主管领导处了解生产情况外，还要亲赴现场，查看进度，了解困难。“与群众交流，了解他们在生产生活中的困难并且努力解决，这是作为一个好领导最基本的要求。”这是谢长吉一直强调也是一直坚持在做的。

干部思想教育和学习是谢长吉非常重视的工作。为了组织好干部的教育学习，工厂成立了党委中心组，对提高干部政策、理论水平，促进云马厂工作的开展都起到了积极的作用。

谢长吉在主持党务工作期间，结合工厂的基本建设和歼7原型机、歼6Ⅲ型机、歼

6 原型机和歼 6 甲型机等 4 个机种的试制与批生产，做了大量的思想政治工作，对云马厂的建设和发展做出了积极的贡献。

谢长吉调离云马厂后，先后在国营双阳机械厂、贵州省第三机械工业局、国营松陵机械公司工作。1986 年 10 月离休。

张健民

张健民（1919.12—1995.4），山东夏津人，贵州天义电工厂（现贵州天义电器有限责任公司，简称中航工业天义）首任厂长。1937 年 2 月加入中国共产党。1938 年 2 月参加八路军，历任秘书、副政治指导员、巴州支队指导员、鲁西北工作团四分区基干团教导员、总支书记、第四野战军 156 师 466 团政委、156 师政治部主任、九江分区政治部副主任等职。曾参加过辽沈、平津及渡江战役。1952 年 9 月转业到广东省，任农垦局副局长、粤西区党委组织部副部长等职。1954 年 12 月起，先后在国营第 115 厂（现中航工业津电）、三机部配套公司、国营新卫机械厂（现中航工业郑飞）、国营北京曙光电机厂（现中航工业曙光）等单位任副厂长、厂长、党委书记等职。1965 年任天义电工厂厂长，1982 年任国营天津电器厂顾问，1988 年荣获“献身航空工业三十年”荣誉证书，1991 年荣获航空航天部“振兴航空工业先进个人”称号。1983 年 11 月离休，1995 年 4 月去世。

在革命战争年代，张健民投身革命，出生入死、南征北战，足迹踏遍大半个中国，为共和国的解放事业做出了卓著的贡献。

解放后，在航空工业创建与发展过程中，张健民服从组织需要，顾全大局，以身作则，为支援大三线建设，为中国航空工业的成长壮大做出了突出贡献。在工作和生活中，他兢兢业业、克己奉公、清正廉洁、两袖清风，深受广大干部职工敬仰。

1965 年，张健民受命奔赴贵州遵义帮助筹建天义电工厂，并任厂长。在建厂期间，他团结带领广大干部职工，克服高原山区难以想象的物资和生活困难，一边生产，一边开荒种地，以身作则，敢于与困难作斗争，充分发扬了一个共产党员以及革命战士坚强的斗志和战斗精神，在做好职工基本生活保障的同时，为天义电工厂顺利实现“当年设计、当年基建、当年搬迁、当年投产、当年出产品”的“五个当年”目标做出了成绩，也为三线建设和国防工业的发展做出了突出贡献。

在几十年的革命和战斗生涯中，张健民始终坚信党的领导。在“文化大革命”中虽遭受冲击，但他始终坚持党性原则，特别是十一届三中全会以来，他坚决拥护党的各项方针政策，坚持四项基本原则，积极参与改革发展。为顺利实现航空工业的转型，他带头组织开发民品，做出了不少成绩。

张健民于1983年11月离休，1995年4月去世。

梁吉先

梁吉先（1929.11—2004.7），山东荣城人，汉中南峰机械厂（2001年与中国空空导弹研究院合并组成新的中国空空导弹研究院，简称中航工业导弹院）首任党委书记。1945年11月参加革命，1949年2月加入中国共产党。曾任胶东军区后勤部第一兵工厂通讯员，兵工厂工人，副班长，行政组长。在胶东备战和复厂工作中荣立三等功一次、四等功两次。1950年11月调株洲兵工厂（现中航工业南方）工作，历任组长、股长，厂工会副主席、代主席。1965年11月调湖南沅陵中南传动机械厂，任政治部主任、代党委副书记。1966年2月调汉中012基地任汉中南峰机械厂筹建工地指挥部党委书记；1968年9月任汉中南峰机械厂革委会第一副主任；1970年8月—1978年10月任中共南峰机械厂核心组成员、第一届党委副书记、党委书记。1982年2月调任012基地主任。1988年获国防科工委颁发的“献身国防科技事业”荣誉证书和证章，同时获航空工业部颁发的“献身航空工业三十年”荣誉证书。1989年离休，2004年7月去世。

汉中南峰机械厂创建于1966年，是按照中央当时关于对国际形势的基本估计，本着中央军委关于三线建设要遵循“山、散、洞”和“羊拉屎”的布局原则及“边设计、边施工、边准备、边生产”的筹建方针建设的。1966年8月10日，梁吉先在陕西省南郑县米仓山北麓的崇山峻岭中的小南海河滩上主持开工典礼仪式。

建厂之初，正值“文化大革命”兴起，动乱的大环境时刻都在威胁着工厂的建设速度与工作秩序，扰乱着全厂职工的思想和工作热情。面临此情此景，梁吉先十分着急，他动情地做大家的思想工作，要大家认识建设三线的重要性，建设三线是毛泽东主席的号召和战略思想。虽然当时工作秩序很不正常，但他始终坚持抓革命、促生产、促工作、促战备。为了抢时间、争速度，为了早日完成基本建设，他同普通职工一样，怀揣“老三篇”——《为人民服务》《愚公移山》《白求恩》，身备“三件宝”——草帽、雨鞋和铁锹，晴天一身汗，雨天一身泥，突击厂房建设前的“三通一平”（路通、水通、电通、平整土地）等各项准备工作。为缓解基建材料供应紧张问题，他号召职工下河捞沙，上山烧石灰，装卸水泥，拉运楼板，抢运砖头等，尽一切努力调动全厂职工的积极性，基本保证了基建工程的进程。

南峰机械厂当时选址的原则是“靠山、分散、隐蔽”，以“隐蔽”为中心。进洞是最好的隐蔽，因此，工厂的机械加工、电子组装、产品装配等主要生产线都安排在3个自然大山洞里（大佛洞、天星洞和鱼洞子）。然而，山洞的地质结构及其复杂，土石方工程巨大，除湿、通风问题难以解决，要在短期内建成生产线难以实现。面对如此境况，梁吉先统一领导班子思想，认为不能让3个自然山洞捆住手脚，拖住进度，应尽快在洞外先建成一套小型生产线作为过渡，先生产部队急需的产品。班子思想统一后随即拟订方案，1967年7月，工厂派出领导干部和工程技术人员先后到国家计委、国家建委、三机部、国防工办、第四设计院等机关汇报情况。领导机关分析研究工厂的困难和实际情况后，批准了南峰机械厂的调整建设方案，这就是第一期工程。随着第一期工程启动，迅速掀起了建设高潮，经过两年多的艰苦努力，于1970年上半年，梁吉先率领职工硬是从不通公路、不通电、不通水的大山之中，建立起一座能生产空空导弹的工厂。

1970年11月开始试制PL－2导弹，到1973年就开始批产，到1982年还研制了PL－2乙导弹。南峰机械厂的职工队伍由1966年建厂初期的39人（第一批筹建人员）发展到1982年底的2000余人。

1977年至1982年，全国企业进入全面整顿，南峰机械厂也不例外，领导体制由党委领导向党委领导下的厂长负责制转移，在这个阶段，质量则成了企业管理的中心。梁吉先带领班子，组织队伍，以质量整顿为突破口，抓技术管理、生产管理、质量管理、工具管理、器材管理、机动技安管理等各个环节，全员上阵，查找出企业管理上

梁吉先工作照

的各种问题八大类2400余个。针对问题，领导班子制订整改方案和整顿措施，并坚决执行。通过全面整顿，使企业的管理水平得到较大提高，产品质量得到进一步保障，为南峰机械厂后来的“转轨变型”、“保军转民”奠定了基础和创造了条件。

梁吉先于1982年2月调任012基地主任。1988年获国防科工委颁发的“献身国防科技事业”荣誉证书和证章，同时获航空工业部颁发的“献身航空工业三十年”荣誉证书。1989年离休。离休后，任陕西省国防科工办老年人体育协会副主席，陕西航空工业系统老龄工作委员会顾问，012基地老龄委员会、老干部工作委员会、老年人体育协会副主任委员。2004年7月去世。

张武文

张武文（1924. 7—2011. 1），辽宁沈阳人，平水机修备件厂（现贵州平水机械有限责任公司，简称中航工业平水）首任厂长。1939 年在沈阳市东洋制造所当学徒。1948 年 11 月 19 日参加革命工作，在沈阳鲁班部队任工人、生产组长。1951 年 10 月调沈阳市 111 厂（现中航工业黎明前身）任总工长。1954 年 12 月任国营沈阳航空喷气发动机厂（现中航工业黎明）总工长。1966 年 2 月调贵州平水机修备件厂任厂长，并担任过总工程师、副厂长等工厂领导职务。1983 年 4 月退居二线，1983 年 12 月离休，2011 年 1 月去世。

1948 年 11 月，随着新中国解放的隆隆炮声，张武文毅然参加了中国人民解放军，凭借着一身过硬的修理技术，他被分配到沈阳鲁班部队三厂（空军三厂）担任工人、生产组组长。他工作踏实，技术过硬，深得领导和同志们的喜爱。由于为鲁班部队的生产做出较大的贡献，成绩优异，立小功一次。1951 年奉调到沈阳市 111 厂任总工长；1954 年任国营沈阳航空喷气发动机厂总工长；并先后担任车间技术主任、生产副主任和分厂生产长等职务，由于工作能力较强，表现突出，多次被授予“先进工作者”荣誉称号。

1966 年 2 月，张武文所在的国营黎明机械厂，根据第三机械工业部要求，对口筹建三线企业，即贵州平水机修备件厂，并调张武文任厂长。3 月，张武文只身一人从条件优越的沈阳市来到了“天无三日晴，地无三尺平，人无三分银”的贵州省平坝县。作为工厂领导班子成员，首先面临的是工厂选址问题，张武文放下行李，立即和三机部调研组的同志组织当时仅有的几十名先期到厂的、刚从部队转业的同志和分配来的技术员等，按照国防工办《关于三线建设的布局问题》《关于三线建设的厂址选择问题》《关于三线建设的设计和施工问题》的要求，开始了艰辛的选址工作。为了执行“靠山、分散、隐蔽”的方针，他带领着同志们风餐露宿，跋山涉水，顶风冒雨，进行选址工作，并根据上级领导的指示，确定了厂址。

张武文工作照

厂址选好后，张武文立即组织力量开始施工，从地质测量到施工图样；从建材选购到机器安装，无不倾注着他的汗水。他提出的“一少二快”（一少即花钱少，二快即筹建快、投产服务快）建厂方针得到了全厂职工的拥护，受到部领导和兄弟厂的支持和赞扬。由于当时原材料紧缺、资金紧张，在艰苦创业的实践中，全厂职工又把“一少二快”的方针发展为“从穷、从小、从土、从生产”的“四从”原则，“从穷”就是一切从穷开始，勤俭节约；“从小”就是一切从小开始，白手起家；“从土”就是一切从土开始，自力更生；“从生产”就是从生产开始，有一分热发一分光。施工进度缓慢，张武文看在眼里急在心上，他四处奔走，八方求援，终于在最短的时间里将厂房建好并投入生产。“四从”原则得到了上级领导的充分肯定，被作为交流材料批转到三机部所属企业，供兄弟单位借鉴。

每天早晨，伴随着起床号和集合号声，张武文骑着自行车总是第一个来到厂里，在工厂大门口向陆续进厂的职工一一问候，然后到生产部门了解生产加工进度和生产组织情况，并召集有关部门负责人及时处理生产中遇到的各种难题，使生产有序地进行，得到了上级领导和011基地领导的高度赞扬。

贵州高原的冬天，朔风凛冽，寒气逼人，张武文与工人们围坐在火炉旁，一边了解着生产进度情况，一边和大家聊着家常。他鼓励大家：“别看今天我们条件差，吃的不好，住干打垒房，我敢打赌，只要大家努力，要不了几年你们都会住上干净、宽敞的楼房。我们还要建设我们的医院、学校、托儿所和食堂，恐怕到时候打着你们都不会走喽。”厂长的一席话说得大家信心倍增，共同憧憬着平水的美好未来。

为了稳定职工的情绪，坚定为平水奋斗的决心，张武文率先将家属从东北迁到厂里，和大家一样住在干打垒房里。原本一些想要调走的同志，一看厂长都下这么大的决心，这个时候要求调走那就是逃兵，于是他们悄悄地把请调报告撕掉，立即投入到火热的工作中去。他们的精神集中体现了党的优良传统和作风，反映了当代工人的理想追求和精神风貌，也诠释了航空人“献了青春献儿孙，献了儿孙献终身”的“三献”精神。张武文1988年被航空工业部授予“献身航空、服务四化”称号。

张武文1983年4月退居二线，1983年12月离休，2011年1月去世。

包成章

包成章（1920—?），山东人，国营新艺机械厂（1980年10月与国营黎阳机械厂、国营红湖机械厂、贵州喷气式发动机设计所、011基地601仓库整合为国营黎阳机械公司，2010年9月改组为贵州黎阳航空发动机（集团）有限公司，简称中航工业黎阳）第一任厂长。1948年11月参加革命工作，1949年11月加入中国共产党。1965年以前在国营黎明机械厂（现中航工业黎明）工作，曾任车间党支部书记、分厂厂长。调贵州三线以后，任011基地第三筹建组组长等职务。1965年4月担任国营新艺机械厂筹建组组长，1966年3月被任命为新艺厂厂长。1966年4月任建设工地工程指挥部指挥长。1970年5月调贵州安顺安大锻造厂（现中航工业安大）工作。

20世纪60年代中期，在中共中央、毛泽东主席建设“三线”的战略决策指引和国营黎明机械厂党委的“好人好马上三线，一杆红旗两边插”的号召下，1965年3月，包成章与程明华、王新民等同志，前往贵州进行新厂地址的选址工作。在新厂址的选定工作中，包成章依据“靠山、分散、隐蔽”和“不占良田、不占耕地”的原则，同时考虑到国营新艺机械厂（简称新艺厂）叶片铸造用水量大的特点，厂址靠近红枫湖，本着关心职工的角度，为方便职工上下班，把新艺厂厂址定在平坝马场镇屯角南端花椒关脚下。

包成章被确定为新艺厂筹建组组长，1965年6月28日，他率领首批22名赴黔人员到达新厂址。一行人来到工地以后，大家个个求战心切，急于开展工作，在头顶青天，脚踏荒原的艰苦环境中，包成章首先考虑的是大家的立足之地。他亲自带人来到清镇农牧场，与他们联系，借到了一座距离厂区2千米的牛棚，四面都没有墙，只有9根木柱子支撑着少许瓦片。于是包成章等人利用从沈阳带来的旧铁皮遮挡四周，修好屋面，作为栖身办公的场所。刚到贵州这一年，雨雪特别多，包成章等人克服漏雨、飘雪的困难，开始了路通、水通、电通、平整场地、建设厂房和库房的准备工作。

从大城市到山沟搞三线建设，对每一个职工都是一场严峻的考验。为使全体职工安心生产，解除职工后顾之忧，后勤工作就显得十分重要，职工的衣、食、住、行等方方面面都需要考虑。在建设职工宿舍的问题上，包成章把原定于建房为 20 多元/米^{2}的标准，提升到 37 元/米^2。原来职工宿舍建在距离厂区 4、5 千米的清鱼塘附近，包成章提出工人上下班不能离厂区太远，坚持把职工宿舍建在离厂区较近的地方。

包成章自来到新艺厂建设工地以后，处处都与职工和工地民工打成一片，与大家同甘苦共患难。及时指挥和理顺各方面的关系，确保各项建设任务顺利完成。由于筹建工作量大而且多是繁重的重体力活，建设中包成章总是身先士卒，以身作则，带领干部职工完成任务。

在新厂筹建工作中，所需的建筑材料是非常巨大的。千余立方的木材、数千吨的水泥和钢材，以及施工用的炸药源源不断地由贵阳运来，马场火车站没有货场，大量的物资要及时运到建设工地，包成章带领筹建组的同志们人拉、肩扛，及时把物资运回工厂。就是这样，像装卸水泥，倒运砖头，采购运输，保管收发，跑贵阳，去平坝，不分领导和群众，不分技术人员和工人，大家都拼命地工作着。

在当时艰苦的条件下，要顺利地完成好工厂的筹建工作，离不开当地政府和广大民工兄弟的大力支持。帮助、支援当地群众是筹建人员的另一项工作，也是搞好关系的重要形式体现。

春耕农忙时，包成章等工厂领导还与职工一同帮助农民犁田、插秧等。1966 年稻谷成熟时，天下大雨，红枫湖涨大水，把农民的水稻淹没了，不尽快收割，就意味着农民全年粮食颗粒无收。为了农民的吃饭问题，包成章、王金城与职工们一起，下到水齐胸深的稻田中进行收割，一干就是三天，正是如此，他与民工们和当地老乡相处得十分融洽。

在艰苦的建厂时期，加快生产厂房和各项基础建设，遇到了种种困难，然而，包成章总是能够带领大家克服困难完成任务。

二号厂房建筑需吊装构建 5549 件，总重量超过 300 吨，其中吊装 12 米跨度的门式屋架，吊装队从未干过，缺乏经验，试吊没有成功，屋架上不去，砖墙不能继续砌，造成窝工现象，影响了厂房建设进度，一度成为关键。包成章与工程指挥部的同志们就组织了干部、工人和技术人员的“三结合”攻关队，集思广益，群策群力，采用蚂蚁啃骨头的办法，日夜奋战，终于解决了难题，及时完成了吊装任务。上级单位和当地政府部门的强力支持以及筹建组领导果敢的行动，使得新艺厂的建设速度很快。从 1966 年到 1967 年底，仅用不到两年时间工厂基本建成，并开始转入试制和小批量生产。

1970 年 5 月包成章调贵州安顺安大锻造厂工作。

崔明达

崔明达（1930.12—2008.8），辽宁沈阳人，国营红湖机械厂（1980年10月与国营黎阳机械厂、国营新艺机械厂、贵州喷气式发动机设计所、011基地601仓库整合为国营黎阳机械公司，2010年9月改组为贵州黎阳航空发动机（集团）有限公司，简称中航工业黎阳）首任厂长。1947年8月参加工作。1965年9月18日由国营黎明机械厂（现中航工业黎明）调任011办事处第四筹建组组长，负责国营红湖机械厂筹建工作。1965年12月起历任国营红湖机械厂党支部书记、厂长、党委副书记、革委会主任。1978年8月，调贵州省第三机械工业局发动机指挥部任副指挥长，后调任国营东安机械厂（现中航工业东安）厂长、党委书记等职务。1991年离休，2008年8月去世。

1965年9月18日，崔明达带领国营黎明机械厂17名生产班子成员来到了贵州省平坝县夏云公社，与成都国营新都机械厂（现中航工业成发）抽调的24名基建班子成员同时进点，组成第四筹建组，由崔明达担任组长，负责国营红湖机械厂的筹建工作。

在当时生活、工作条件极为艰苦的情况下，崔明达以身作则，带领筹建组全体人员头顶蓝天，脚踏荒山，艰苦创业，借用夏云公社的5间旧房作为吃住和办公的场地，夜以继日地开展紧张的筹建工作。

筹建工作从制订计划、组织民工、征用土地，到工艺设计、建立账簿，一切都得从零开始。为尽快完成“三通一平一住”（即路通、水通、电通、平整土地、修建暂住工程）重点工程，他带领筹建组的同志们，白天跋山涉水，走村串寨，结识当地社、场的领导干部和群众，了解当地的风俗民情、自然情况，积极努力争取大力支持，为筹建工程的顺利进行提供了有利条件；晚上在暗淡的煤油灯下研究工作，制订建设计划，不计报酬，不讲条件，不分晴天雨天，不管白天黑夜，每天工作18小时以上，从不叫苦叫累。

按照“靠山、分散、隐蔽”和不占良田好地、不迁居民、不拆民房的要求，只能在荒山峻岭中建厂。为开辟一条通道，以最快速度把建材运到工地，筹建组人员实行分段包干的办法，带领当地的1800多名民工修路。每天开山放炮，用手捧肩扛把毛石运出，手工砸敲碎石铺路，锄头、铁锹平整路面，再用拖拉机带上大石磙代替压路机

崔明达工作照

来回碾压，早出晚归，苦干50天，终于修通了一条通往生产区宽5.5米、长2千米的碎石马路。

路开通了，建材拉进去了，但工地无水仍然没法施工，而工地附近又没有水源，要从离工地1千米外的自然水源地安泵加管抽水和人工用水龙车从浮塘抽水，电源要从离工地9千米以外的变电站接线过来。为完成水通、电通工程，筹建组爬山越岭，架杆接线，克服冬天的严寒和饥饿，在平坝县水电局的大力支持帮助下，终于在1965年12月31日晚上，让夏云公社这个偏僻的山沟第一次有了电灯，使整个工地灯火通明。

为了建设好战略大后方，崔明达带领筹建组的全体同志们废寝忘食，顽强拼搏。工地的重活你争我抢，干部工人都是“装卸工”，汽车喇叭声就是大家的行动命令。每当汽车声一响，大家一齐出动，不是卸车就是装车，筹建时的大部分建筑材料都是筹建组的同志们自己动手卸车搬运的。

贵州的冬天气温较低，且经常阴雨绵绵。崔明达与筹建组全体同志一起风里来雨里去，从不计较工作轻重，从不计较时间长短，生病了仍然坚持背炸药、卸原木，夜晚经常与工艺设计人员一起在灯下研究任务，制订计划，克服了各种困难，终于在1966年2月基本完成了施工前的各项准备工作，并于3月21日与施工单位共同研究制订了国营红湖机械厂总图布置、土建、动工等方案，为后继工作的顺利开展打下了基础。

1966年4月，筹建组撤销，正式设立了国营红湖机械厂职能机构，崔明达任厂长。为尽快建成红湖机械厂，崔明达与工厂党委研究提出用200天建成红湖机械厂的战斗口号，集中力量大打歼灭战，组织了近 3600 人的施工队伍，准备好全年施工用的“三材”的 50% 和全部红砖等其他建筑材料，于 6 月 10 日拉开了大干的序幕。先后组织了 3 次大会战，第一战役 60 天，主要厂房主体结构基本完工；第二战役 40 天，主要厂房进入室内安装工程；第三战役 100 天，厂房主体工程和生活区建筑基本完成。经过 200 天的努力，完成了厂房主体工程 24000 多米^2 和生活区 22000 多米^2 的施工任务，创下了惊人的建设速度。

由于受“文化大革命”的干扰及设计缺陷的影响，工厂生产进度缓慢，崔明达与广大干部职工在思想上承受着极大压抑的情况下，仍然顽强拼搏，在 1968 年生产出第一台燃烧室等产品，送黎明机械制造厂进行 50 小时工艺长期试车，产品合格，为贵州航空发展史填补了空白。

1973 年撤销军管后，崔明达担任了国营红湖机械厂革委会主任，他团结带领全体干部职工，边生产，边建设，着手加强思想、组织、技术、管理建设，狠抓产品质量整顿工作，建立健全必要的规章制度，逐步理顺了工厂生产管理混乱、废品成堆的局面，各项工作步入正轨，初见成效。1973 年转入批生产，1975 年开始扭亏为盈，1973 年至 1978 年，共向国家交付配套产品 370 多台，初步形成了年产 120 台发动机零组件的能力。

崔明达于 1978 年 8 月后调离国营红湖机械厂，先后在贵州省第三机械工业局发动机指挥部、国营东安机械厂等单位工作。1991 年离休，2008 年 8 月去世。

王新民

王新民（1925.11— ），江苏苏州人，国营黎阳机械厂（1980年10月与国营红湖机械厂、国营新艺机械厂、贵州喷气式发动机设计所、011基地601仓库整合为国营黎阳机械公司，2010年9月改组为贵州黎阳航空发动机（集团）有限公司，简称中航工业黎阳）首任厂长、国营黎阳机械公司第一任总经理。1944年进入上海圣约翰大学。1945年在上海参加共产党，从事地下工作。1947年任地下党专科学校区委委员兼地下党吴淞商船学院党支部书记。1954年调沈阳航空喷气发动机厂（现中航工业黎明）任冶金科长、总冶金师。1966年，调贵州筹建国营黎阳机械厂，1966年3月任厂长。1980年10月国营黎阳机械公司成立，出任总经理，后任贵州航空工业集团公司科技委主任、研究员。先后当选为航空工业部、航空航天部科技委委员，省政协委员、省自动学会副理事长。先后获得国家科技进步一等奖、歼8飞机设计定型二等功，“科研生产一体化的技术开发管理”获得第八届国家二等企业管理现代化创新成果奖。1991年被航空部授予劳动模范称号、突出贡献专家称号，享受国务院特殊津贴。1993年4月离休。

20世纪60年代中期，在中共中央、毛泽东主席“建设三线”的战略决策指引下，在贵州的崇山峻岭中拉开了三线建设的序幕，由王新民、蒋绍南等同志牵头开始了国营黎阳机械厂的筹建。王新民于1966年3月到达贵州，在极其艰苦的环境下，自力更生、艰苦创业，铺路、拉电线、接通信设施，开始组织厂区基础建设，在短短4年时间里完成了发动机生产线建设、职工队伍组建，并建立起了相应的生产管理、技术管理运行机制，成功实现了发动机的转厂生产，并实现小批量生产。

老厂转来的苏联生产的某系列产品，由于在外场使用故障较多，苏联通报缩短使用寿命，严重地影响了部队使用。1970年发动机转入批生产后，针对这种情况，王新民排除各种干扰，积极组织故障原因分析和排故措施制定，先后将国营黎阳机械厂（简称黎阳厂）生产的发动机寿命从50小时提高到100小时，又从100小时提高到200小时。20世纪70年代初期，面对部队对某发动机的不同看法，王新民一方面积极走访空军部队，宣传产品的性能优势，争取用户对产品的支持；另一方面，积极组织技术攻关，解决影响发动机性能的关键技术问题，攻克了精铸叶片合格率低等制约产品产量的关键环节，建立并形成了精铸生产线，突破了精铸工艺上的技术难点，为该产品的产量增加创造了条件。

王新民深深认识到，凭借当时国家实力和技术力量，要走完全自主的产品研制道路，尽快满足客户的需要是非常困难的。为此他冷静思考，认真研究，决定借鉴外国航空发动机公司“小步哲学”的经验，调整了科研设计工作方向，按照“量力而行、有所作为，博采众长、为我所用，循序渐进、发展产品”的方针，探索出一条符合国情、厂情的“使用发展，渐进改型”的产品发展道路，在原有产品基础上不断开展科技攻关，进行改进改型，推出新型号发动机。

1978 年初，王新民敏锐地捕捉空军部队的各种需求信息，及时抓住国家引进某发动机的信息，策略性地争取到某系列发动机测绘任务，并在此基础上以最快速度完成了测绘工作，提出了产品研制方案，并组织产品试制，争取到产品生产的主动权，某系列产品在黎阳赢得了很长一段时间的市场份额。

进入 80 年代，在王新民的组织领导下，黎阳厂争取了相当数量的外贸机订货。根据外贸机的要求，公司把某型发动机的汽油起动改为煤油起动，提高了航空发动机起动的可靠性，实现了一次翻修寿命 200 小时，加力部分减重 30 千克。该型发动机作为中国首次出口的航空发动机，赢得了国外用户的广泛认同，成为国家国防工业生产发展的一个重要转折点，亦为企业开拓了国际市场，并为黎阳今后与中航技的密切合作奠定了基础。

20 世纪 70 年代后期，在生产组织过程中，王新民充分认识到，出于应对国际形势的三线建设布局思路已经逐渐成为制约贵州航空发动机研制发展的因素。在他积极呼吁、积极奔走协调下，1978 年组成“011 基地第二生产指挥部”，王新民负责发动机片生产协调。1980 年成立国营黎阳机械公司（简称黎阳公司），构建了以发动机为纽带的“三厂一所一库”的利益共同体。公司的成立对某发动机测绘、研制起到了良好的促进作用。

1980 年 10 月黎阳公司成立之后，王新民根据企业生产经营发展需要，及时调整了公司组织机构，并逐步理顺了公司科研生产指挥系统、技术质量系统、市场开发及经营系统，对公司机关、工厂及设计所的职能职责进行了明确和划分，并对下属成员单位实施了一体化管理，主要表现在科研经费一体化、科研预研工作一体化、科研生产活动一体化、科研生产信息反馈一体化、技术改造一体化、质量保证奖惩一体化，“厂所结合”得到了充分体现。一方面，设计所负责的新机研制任务，在公司的统一安排下由各厂的生产线配合完成；另一方面，设计人员不断根据现场反馈的信息，进行研究和改进，随时解决生产线上出现的设计问题。这样，生产中及时反馈技术问题的解

1991 年 5 月 25 日，王新民陪同国务院副总理吴学谦视察黎阳公司

决信息，既为批量生产积累了现场问题的处理经验，也为科研预研工作找到了突破点，大量的新技术在整个过程得到了应用。

按照王新民提出的产品发展思路，黎阳公司首先根据用户的使用要求，切合实际地提出新一代发动机的技术性能要求，并在此基础上利用过去的研究成果，有针对性地开展技术研究和试验，再组合到技术方案中去。其次，在确定和实施新机研制技术方案时，必须正确地处理产品的先进性与可靠性。在先进性与适用性相结合的原则下，黎阳公司先后开发了两大系列发动机 20 多个型号，发动机加力状态推力提高了 25%，寿命成倍增加，从原来 50 小时提高到 300 小时。两大系列发动机大量装备部队，为黎阳公司的后续发展夯实了基础。

在这种科技管理体制下，黎阳公司的产品型号研制得到了长足的发展。以此为基础的“科研生产一体化的技术开发管理”获得第八届国家二等企业管理现代化创新成果奖。黎阳公司以国家最少的资金投入，开发了最多的产品系列，赢得了较长时间的市场份额，成为当时行业内的“黎阳模式”。黎阳模式不仅是黎阳公司发展史的重要组成部分，也成为了我国航空发展史的一个补充。

王新民 1984 年调入贵州航空工业管理局工作，1993 年 4 月离休。

庄树山

庄树山（1925—2012.1），辽宁辽阳人，国营云马机械制造厂（2011年5月与国营双阳机械厂、贵航无人机有限责任公司、贵州凌云航空物资供销公司、贵航飞机设计研究所重组整合为贵州飞机有限责任公司，简称中航工业贵飞）首任厂长。1948年11月参加革命工作，在空军工程部第四厂任技术员，1949年9月加入中国共产党。中华人民共和国成立后，历任航空发动机附件厂（现中航工业西控）厂长秘书、工具车间主任、锻造车间主任、机关党支部书记，国营第112厂（现中航工业沈飞）型架车间主任、工艺科科长。1955年7月，赴苏联共青城飞机制造厂学习考察。归国后，历任国营112厂副总工艺师、总工艺师、副总工程师等职。1966年3月参加航空工业三线建设，任国营云马机械制造厂厂长。1974年1月调任011基地主任、党的核心领导小组副组长，后任贵州省第三机械工业局局长、党组副书记，航空工业部贵州管理局局长、党委委员。1984年11月离休，2012年1月去世。

1965年8月15日，为了积极响应毛泽东主席“好人好马建三线”的号召，第三机械工业部决定国营松陵机械厂（现中航工业沈飞）负责包建贵州国营云马机械制造厂。1965年10月20日，国营云马机械制造厂（简称云马厂）筹备组随同三机部第四设计院着手进行厂址选定工作。厂址最终选择在贵州省安顺市西南25千米“蓝天一顶，荒山一片”的四旗镇境内，面对四面环山、交通闭塞、村寨相接等情况，庄树山等领导亲自多次实地调查，经过和四院现场设计组的反复沟通协调，于1965年11月中旬确定了工厂工艺布置的初步设计。1966年3月三机部正式任命庄树山等人组成领导班子。

为了快速建好贵州省第一个航空工厂，庄树山注意加强与当地村民、政府的交流沟通，搞好工厂与村寨、工厂与政府等的关系。按照“人民工厂人民建”的指导思想，积极争取到了周边大量村民的人力帮助，获得了政府、兄弟单位的大力帮助和政策、物质支持等，为加快工厂建设步伐奠定了坚实的人脉关系。作为回报，庄树山经常组织工厂干部职工为村民挑粪、挑水、抗旱、插秧等，深受周边村民的好评和欢迎。为周边村民服务，和村民做朋友，不断磨练自我，这也是庄树山对新来的干部职工的要求。新进厂的干部职工，必须先练几个月的“铁脚板”，帮助老乡挑粪、挑水、抗旱、插秧，在相互交流中促进友谊，搞好关系促建设。

在各方的大力支持帮助下，参建人员建厂热情高涨，他们发扬不怕苦、不怕死的精神，争分夺秒抢建设，于1970年建成了当时国内第一个用混泥土建成的21000米^{2}的部装厂房，成为示范点。

在组织完成工厂的基本建设之后，庄树山组织了歼7原型机、歼6Ⅲ型机、歼6原型机和歼6甲型机4个机种的试制和生产，他善于调动干部职工积极性，保证了云马厂年年顺利完成国家交付的计划任务。“文化大革命”中，庄树山受到不公正待遇，但没有动摇他的信念，继续为工厂的生产而奔波。

庄树山在工作中坚持深入基层，对工厂各环节都非常熟悉，对各生产环节把握得很准，开会讲话有的放矢。他非常关心群众，和干部职工关系亲密融洽，还非常关心群众性体育活动。在他的积极支持下，工厂干部职工利用业余时间填平了一个大深坑，建起了云马厂第一个大型足球场、由于群众性体育活动的蓬勃开展，建厂初期的云马连续四次获得了“全国体育先进单位”称号；多次获得省、市荣誉和表彰。

1979年，庄树山调任航空工业部贵州管理局局长之后不久，为了011基地能够生产高级教练机，庄树山开始跑立项。他组织自筹960万元资金，在项目启动会上把攻克该项目高级教练机命名为“争气机”，启动总体设计。1984年12月15日，被命名为“争气机”的歼教7飞机在云马厂完成部件交付；1985年6月26日，进行了该型机静力试验；1985年7月5日，歼教7成功首飞，填补了国内高级教练机空白。随后，在第七届巴黎航展上，歼教7被誉为“亚洲明星”，享誉世界。作为国内第一代高级教练机，歼教7飞机还飞过天安门，接受过祖国和人民的检阅，是一款名副其实的“争气机”。正是由于“亚洲明星”良好的性能，使得在首飞后的20多年里，歼教7系列飞

庄树山工作照

机订货一直源源不断。

庄树山是贵州省革命委员会委员，贵州省第四、第五、第六届人民代表大会代表，中国科协第三次代表大会代表，航空工业部科技委第二届委员，贵州省航空学会第一、第二届理事会理事长，第三届理事会名誉理事长，中国航空学会第三届理事会常务理事，贵州省国防科技工业经济科技咨询小组成员。

庄树山于1984年11月离休，2012年1月去世。

褚桂林

褚桂林（1921.1— ），河北徐水人，万江机电厂（现贵州万江航空机电有限公司，简称中航工业万江）首任厂长。1939年1月参加革命，1940年5月在晋察冀边区卫生部加入中国共产党。曾先后担任八路军115师骑兵营战士、晋察冀边区卫生部党支部书记、司务长、冀中军区卫生部管理员、供给员、科员、代科长，参加了大李各庄战斗、冀中反扫荡、边区大生产运动。1949年后，历任河北省军区医院总务科长、华北军区生产合作总社副科长、华北军区生产部科长。1952年后历任天津工业局医院副院长；国营第115厂（现中航工业电源）科长、副总工程师、组织部长；国营万里机电厂（中航工业万里）副厂长、党委副书记、总工程师。1966年4月，第三机械工业部任命褚桂林为贵州011基地万江机电厂厂长，1973年6月任工厂党委书记。1975年5月调国营第105厂（现中航工业津电）任党委书记。1977年调国营青云仪器厂（现中航工业青云）任党委书记。1988年获航空部颁发的“献身航空工业三十年”荣誉证书，2011年获中国航空工业建立60周年纪念奖章。1984年离休。

1966年3月，第三机械工业部在北京召开三线工作会议，并组织与会人员前往贵州踏勘选点，褚桂林等代表兰州国营万里机电厂参加了会议并随赴黔现场南下团踏勘选点。经过艰辛的踏勘，最终将万江机电厂址选定在贵州省修文县扎住林场处的将军山旁。1966年4月18日，三机部任命褚桂林为贵州011基地万江机电厂厂长。经过先头部队艰苦创业的准备，万江机电厂在1969年基本完成“三通一平”工作，并在大家共同的努力下，完成了工厂总图布置。

褚桂林在万江机电厂工作时期，是关系工厂在特定环境下生存和发展的关键时期，工厂面临基本建设任务繁重、生产要进入试运行、生产组织管理要规范、生产组织机构要健全、干部队伍建设以及职工生活等亟待解决的问题。褚桂林首先理顺管理体制，在生产上实施“小生产线”，紧接着按照工艺分工建立与产品工艺相对应的工模夹具车间、机械及小精密零件加工车间、热处理车间、冲压及塑压整流子加工车间、非标制造车间、初总装及试验车间、锻铸车间等13个车间。到1972年7月，万江机电厂共成立22个科室、13个生产车间、1所学校，共36个行政单位，逐步理顺了对工厂的管理，结束了建厂初期三个大组的管理体制。

在此基础上，褚桂林加强干部队伍建设，根据企业机构设置，做好领导干部的选拔培养。1972年10月，建立了一支由93名中层以上干部组成的干部队伍，这支干部队伍，不仅是工厂建设和发展阶段的中坚力量，也为今后干部的培养打下了基础。褚桂林坚持干部深入基层制度，组织制定了《关于干部参加劳动的通知》，通知规定：中层以上干部必须分期分批到车间参加三个月的劳动，为培养干部的工作作风、密切干群关系提供了保证。

在理顺生产组织建设及干部队伍建设后，褚桂林投入很大精力抓工厂制度建设。1973年6月，工厂各单位及部门相继建立管理制度23个，这些制度涵盖了工厂的生产、技术、财务、新品、质量、设备、动力、安全、房产、医疗卫生、生活福利、运输等方面，初步形成了工厂制度管理体系，为万江机电厂建立依法治企的管理制度，规范企业管理奠定了基础。

1970至1975年间，褚桂林一手抓生产、一手抓建设。他组织干部职工逐步使生产经营步入良性循环，主要军品AT－1B及配套产品设计定型并投入批生产。1975年与1970年相比较，企业工业总产值增长32.79倍；全员劳动生产率提高23.48倍；职工人均工资增长35%，为日后工厂继续开拓和发展奠定了基础。

在基本建设方面，褚桂林带领广大三线职工经过艰苦努力，克服种种困难，主要完成了生产区厂房、35kV变电站、仓库、锅炉房、机修厂房以及空压房、水泵房、理化室的基建工程；完成了生活区托儿所、浴室、医院、学校的基本建设。

褚桂林非常关心从祖国大西北支援三线建设来到贵州的200多名老职工及家属子女的生活状况。通过与班子成员共同研究，向011基地反映并提出解决方案，经过工厂长时间不断努力，从1969年起，分三批来到工厂的104户437人内迁职工农户家属，通过成立内迁职工家属“五·七”生产队，利用少量土地种蔬菜、继续开荒种地等安置办法，使他们暂时的生活问题得到解决。老职工思想安定下来，队伍不断稳定，对促进工厂生产稳定发展起到了很大的作用，也为工厂最终彻底解决他们的农业户口问题铺垫了通道。

1973年6月，褚桂林当选万江机电厂第一届党委书记，他带领党政班子成员，以大局为重，坚决执行上级整合资源、完成与335厂两厂合并工作的命令。他从企业长远发展的角度，对两厂从产品结构、生产工艺、生产场地、设备、人员、管理等方面做了大量调查和论证工作。按照上级要求，整合优化两厂技术资源、管理资源、设备资源、场地资源等，在1974年5月顺利完成两厂合并，为国家节约大量的建设资金投入。

褚桂林生活照

1975 年 5 月，褚桂林调国营第 105 厂任党委书记；1977 年调国营青云仪器厂任党委书记。1984 年离休。

韩湘德

韩湘德（1925.2—1995.5），辽宁开原人，国营红湖机械厂（1980 年 10 月与国营黎阳机械厂、国营新艺机械厂、贵州喷气式发动机设计所、011 基地 601 仓库整合为国营黎阳机械公司，2010 年 9 月改组为贵州黎阳航空发动机（集团）有限公司，简称中航工业黎阳）首任党委书记。1946 年 8 月参加工作，在沈阳第四汽车修理厂、沈阳自行车厂当工人。1951 年 8 月—1954 年 10 月，在沈阳市委党校学习，1954 年 11 月起任沈阳航空喷气发动机厂（后改为国营黎明机械厂，现中航工业黎明）组织部干事、车间党支部书记、厂工会副主席、代理工会主席。1966 年 4 月调国营红湖机械厂工地任党委书记，1966 年 6 月任国营红湖机械厂党委书记、核心领导小组组长、革命委员会第一副主任。1975 年 5 月调国营黎阳机械厂任党委书记，1980 年 7 月任黎阳公司党委书记。1985 年 5 月离休，1995 年 5 月去世。

1966 年 4 月，韩湘德由国营黎明机械厂调国营红湖机械厂任党委书记。作为建厂初期工厂党委班子带头人，韩湘德积极贯彻毛泽东主席“三线建设要抓紧”的指示精神，发扬党的艰苦创业的优良传统，团结带领筹建组全体同志积极投入到红湖机械厂的筹建工作当中。

1966 年 5 月 21 日夜晚，突然来了一场狂风暴雨，临时工棚存放的水泥遭受袭击。韩湘德书记身先士卒，带领全体职工投入到保护水泥的战斗中，在当时没有遮盖物，油毛毡又不够用的情况下，拿出自己的被子，铺盖在水泥上，经过 3 个多小时的奋战，终于使 500 多吨水泥免受损失。

为尽快建成国营红湖机械厂，刚刚上任的韩湘德与工厂行政干部一起，共同组织开展了用 200 天建成红湖厂的“战斗”。韩湘德充分发挥工厂党组织作用，团结带领全体人员发扬了“一不怕苦，二不怕死”的精神，在先后组织的 3 次大会战中，仅用了 200 天的时间，就完成了厂房主体工程 24000 多米^2 和生活区 22000 多米^2 的施工任务，基本完成厂房主体工程和生活区建筑，创下了惊人的建设速度，使工厂实现了向试生产的过渡。

“文化大革命”使工厂党的工作受到严重冲击。在极其困难的情况下，韩湘德以身作则，以实际行动影响和带动身边的同志，奋力排除干扰，坚持工作。工厂于 1968 年完成了第一台燃烧室等产品的试制工作，填补了贵州航空发展史上的空白。

韩湘德工作照

1973 年，随着工厂第一次党代会的召开，选举产生了新一届党委班子，韩湘德任党委书记。他结合工厂实际提出了当时党组织建设的重要任务：一是搞好“批林整风运动”；二是增强党的观念，坚持党的领导；三是加强党的领导，贯彻民主集中制原则。通过从组织上、思想上的整顿，使党组织政治核心作用、党支部战斗堡垒作用和党员先锋模范作用得到了发挥，党的思想建设出现了生动活泼的局面，职工精神面貌有了明显改善，各项工作逐渐步入了正轨。

在工作中，韩湘德有一个习惯，就是每天都要到车间转一转，看一看，问一问，始终坚持从群众中来又到群众中去，物质文明和精神文明一起抓。他牢固树立全心全意为人民服务的思想，关心职工疾苦，为职工做实事办实事，为职工真正排忧解难。他深入基层，及时了解生产进度，准确掌握工人思想情绪，做好干部职工思想政治工作，促进了各项工作的有序开展。在管理中，他始终坚持党性原则，认真按照民主集中制的要求，重视群众路线的贯彻执行，加强民主意识，充分发挥民主。每次会议把问题提出后，让大家充分讨论发言，在意见基本趋向一致时，才作结论性的发言。充分尊重和虚心听取各方意见，积极创造宽松和谐的环境，不断提高民主决策能力，促进了各项工作的顺利进行，并取得了新的成效。

1975 年，工厂认真贯彻中央关于进行企业整顿的方针，党委加强了对产品质量工作的领导。为确保整顿工作取得实效，在韩湘德的领导下，工厂党委在研究新时期思想政治工作的特点，探索思想政治工作科学化问题方面做了大量努力，着手加强思想、组织、技术、管理建设，狠抓宣传教育，狠抓产品质量管理，狠抓岗位责任落实，逐步改变了工厂生产管理混乱、废品成堆的局面，质量工作初见成效。一方面，组织全体党员进行了入党誓词的教育，在党员中开展“一学二忆三查四批五总结”和“四带头”活动，使党员的精神面貌焕然一新，迸发出了积极的工作热情，质量意识得到了明显提高；另一方面，初步总结了1970年以前质量工作的经验和教训，发动群众抓典型质量问题，总结本单位产品质量状况，查质量隐患、查工艺执行情况、查制度贯彻情况，制定整改措施，加大对各类隐患的自查整改，进一步修订完善了各种必要的规章制度，切实加强了产品质量的管理控制，质量形势明显得到好转。在广大党员的带头和全体职工共同努力下，工厂1975年全面完成了国家计划，摘掉了亏损帽子。

韩湘德于1975年5月调国营黎阳机械厂任党委书记。1980年7月任黎阳公司党委书记。1985年5月离休，1995年5月去世。

宋宗元

宋宗元（1920.3—1980.6），山东文登人，国营安塘机械厂（现贵州红林机械有限公司，简称中航工业红林）首任厂长。1944年2月在山东参加革命，1945年12月加入中国共产党。曾先后在山东东海研究室技工部、东合兴铁厂、山东立兴兵工厂、徐州第三兵工厂任组长。在山东立兴兵工厂工作时曾荣立四等功三次、三等功两次。1951年调中南兵工局七一兵工厂（现中航工业南方）工作。1952年在湖南省委党校学习，同年回株州第331厂，任股长、副科长，后调陕西机械厂（现中航工业西飞）任检验科长。1966年4月调贵州国营安塘机械厂任厂长。1980年6月去世。

宋宗元是抗战时期转战在沂蒙山区的一位老军工，为共和国的诞生付出了青春。建设“大三线”的年代，他抛下妻儿来到贵州的大山里。1966年4月工厂厂址确定后，宋宗元带领12人先行进驻贵州黔西桃井公社。这是一个十分贫瘠的地方，解放前被称作“苦桃井”。当时桃井公社所在地是一个有四五十户人家的村镇，镇上有一个空着的粮库，宋宗元带领大家就挤住在这个粮库内。这地方条件恶劣，又没有电，只能点着冒黑烟的煤油灯。粮库居住地方狭小、拥挤、低矮，站立时一不小心就要碰头。由于当地天旱缺水，而桃井村旁几乎干涸的出水洞又是当地村民的唯一水源。在这种情况下，为了不影响当地村民用水，宋宗元带领大家每天早晨拿着洗脸盆和洗漱用具，到离住地1千米左右的出水洞去洗脸。回来每人端上一盆水，供中午洗手和晚上洗脚用，最后才会倒掉这盆水。

他为人和蔼可亲，使人感觉与其说是厂长不如说是兄长。那时没有小轿车，外出开会联系工作坐的是大卡车，人多时要站在车厢里，落得满身尘土，但他毫无怨言。建厂时期民工进厂后，他走遍每一个工棚，对民工嘘寒问暖，人们看不出这个操着山东口音、穿戴朴素的人就是厂长。见民工穿得很单薄，他随即从省上调拨来1000多件新棉衣发给每个民工。

宋宗元讲话掷地有声，从不讲空话。身为一厂之长，工作千头万绪，从工厂建设到人们的吃、住、行都得亲自操劳。当时困难、问题很多，开会时他经常说的一句话就是："同志们，头拱地也要尽快建设红林厂。"

宋宗元工作兢兢业业，身先士卒。住在山洞时，每天很晚了他仍在煤油灯下工作，思考工厂的建设发展，安排第二天的工作。"三通一平"开始前，他拿着图样一遍一遍察看每一个山头，足迹踏遍整个厂区。为了使工厂布局更合理，有时和设计院的同志争得不可开交。

"三通一平"刚刚走上正轨，"文化大革命"开始了，接着就是"靠边站"。"靠边站"在宋宗元身上有个怪现象，就是权力"靠边"，工作上不能"站"，而是要"干"。厂长的头衔没有了，可建厂的工作仍要他干，难事、乱事仍要他去处理。最典型的一件事就是解决单身吃饭难问题。那个年代副食、蔬菜供应很困难，炊事人员和就餐人员经常为一点小事争吵。一次单身职工食堂罢炊，让宋宗元去解决，实际上就是让他去当炊事员。快中午了他赶到食堂一看，连炊具都没有，赶紧跑到家属区食堂借来菜刀，亲自操刀给单身做饭。当职工得知厂长是为他们来做午饭的，个个都感动得热泪盈眶，主动留下来帮着做饭，有的生炉子，有的淘米，有的削土豆……一会儿，得知消息的中层干部来了，准备吃午饭的单身职工来了，他们都加入了做饭的行列。那些

宋宗元在天安门前留影

食堂的炊事员们再也坐不住了，也穿上工作服开始炒菜。看到单身职工们端起了热气腾腾的饭菜，宋宗元脸上露出了笑容。

工厂军管后，宋宗元担任革委会副主任，负责建厂和职工生活。这时他经常感到身体不适，大家多次建议他去看病，可他说："刚军管，我就离开工厂去看病，难以开口。"随着病情的加重，他逐渐行动不便，不得不离开工作岗位，在遵义医学院就医期间，宋宗元仍然惦记厂里的工作。可病魔使他不能如愿，宋宗元于 1980 年 6 月去世。

王金城

王金城（1929—?），河北人，国营新艺机械厂（1980年10月与国营黎阳机械厂、国营红湖机械厂、贵州喷气式发动机设计所、011基地601仓库整合为国营黎阳机械公司，2010年9月改组为贵州黎阳航空发动机（集团）有限公司，简称中航工业黎阳）第一任党委书记。1946年2月加入中国共产党，1946年3月参加革命工作，曾任浙江省杭州市区公安局副局长。1965年9月以前在国营黎明机械厂（现中航工业黎明）任工具分厂党总支部书记。1965年9月调国营新艺机械厂工地参加筹建工作，任工地党支部书记。1966年5月成立国营新艺机械厂建设工地临时党委，任党委书记。1971年5月成立国营新艺机械厂核心领导小组，任副组长，同年11月任第一届党委副书记，1973年任党委书记。1975年调离国营新艺机械厂。

1965年9月16日，王金城等第二批筹建人员一行32人，在党中央、毛泽东主席“建设三线”的战略决策指引下，进入国营新艺机械厂（简称新艺厂）工地，筹建工作全面铺开。1965年10月，新艺厂工地成立了党支部，王金城担任党支部书记。王金城到厂后，看到工作环境艰苦，他提出了“艰苦创业”的口号，以激励全体筹建人员建设三线的决心。第二年，将“艰苦创业”4个大字书写在新艺厂的山崖上，并规定凡进厂的职工，都要进行“艰苦创业”的入厂教育。“艰苦创业”几个字历经47年风雨，至今仍然醒目地镌刻在高高的山崖上。

1965年11月到1966年4月，开始了筹建工作的第一个会战，主要任务是平整601库和新艺厂一厂区，为建筑施工做准备。水泵房工程是施工中的第一道难关，也是解决施工用水的关键，要抢在洪水到来之前完成。高达14米的泵井，需要灌注混凝土320米^3，时间紧、任务重，质量要求高。施工一开始就遇到材料无货源，架子工、混凝土工等技术力量不足等困难。王金城与指挥部的领导和工厂职工来到现场助战，为工人们送水送饭、递毛巾，一起搬石头、挖土方，仅用10天时间就全部完成水泵房的工程，顺利地为工程施工输水。在施工中，砌地基用的石块供应不上，影响工程进度。王金城与工程指挥部的领导就到民工连蹲点，开石头的“高峰民工连”一马当先，不分昼夜，拼命苦干。开石量由每人每日平均0.7米^{3}一下提高到2.3米^3，终于满足了工程需要。

在二厂区会战时，两个月拿下11300米^{2}的厂房建筑和4800米的管道工程，任务十分艰巨。职工们吃在工地，睡在工地，王金城、包成章等干部与技术人员、工人、民工滚在一起，拧成了一股劲，大家心往一处想，劲往一处使，不管刮风下雨，总是斗志昂扬，干劲十足。

春耕农忙时，王金城等工厂领导与职工一同帮助农民犁田、插秧等。1966 年稻谷成熟时，天下大雨，红枫湖涨大水，把农民的水稻淹没了，不尽快收割，就意味着农民全年粮食颗粒无收。为了农民的吃饭问题，王金城、包成章与职工们一起，下到水齐胸深的稻田中进行收割，一干就是三天。王金城和他的领导班子不仅建立了干群关系的鱼水情，也建立了工厂和当地群众的鱼水情。

1966 年 1 月，第三机械工业部党组扩大会议提出航空工业在“第三个五年计划”期间的奋斗目标，并做出了加强三线建设、加强政治思想工作等 12 项决定，对工地全体职工是个很大的鞭策和鼓舞。王金城不失时机地做宣传鼓动工作，同时与工地上的职工和民工进行思想交流。广大干部、工人、技术人员和民工，建设三线的热情空前高涨，迅速形成了“一不怕苦、二不怕死”，“革命加拼命，老婆孩子齐上阵”的会战高潮。

1966 年 5 月 4 日，贵州省委任命王金城为新艺厂党委书记。1966 年 5 月 28 日，经安顺市委批准，分别设立了临时党委和工地党委两个委员会，临时党委由王金城等 9 位同志组成。工地党委则由工厂、施工单位、设计部门等各方面的 11 位同志组成，避免了曾一度出现的各自为政、各行其是、互相推诿的现象，整个工程得以进展。

1966 年 9 月，工地党委和厂临时党委在“文化大革命”的冲击下处于瘫痪状态。为了保证国家建设任务的完成，工地党委和指挥部采取了强有力的措施。党委首先抓紧思想政治工作，注意调动广大职工、民工的积极性。每次会战前，党委都不失时机地召开会战誓师大会，向全体职工进行政治动员，指挥部在反复讲明任务特点和措施的前提下，给各单位下达任务书。工地政治部大抓宣传鼓动工作，及时宣传党的方针政策，表彰好人好事和先进人物，充分调动各方面的积极因素。

正是由于党中央的关怀和全国人民的大力支持，各级领导关心和帮助，王金城等领导做了大量有效的思想政治工作，通过广大职工与施工人员的艰苦努力，争取了时间，赢得了高速度，使新艺厂筹建工程建设任务如期完成。

1975 年因工作需要，王金城调离国营新艺机械厂。

张志舫

张志舫（1921.10—1985.6）山东历城人，国营长风机械总厂（2004年3月与中国航空工业第一集团公司雷华电子技术研究所整合为中国航空工业第一集团公司中航雷达与电子设备研究院，2008年更名为中航工业雷达与电子设备研究院，简称中航工业雷电院）首任党委书记。1940年2月参加革命，1942年10月在章邱县税贸局加入中国共产党。曾任章邱县虎门区区长、区委书记，1944年在山东章邱县征粮中被评为模范工作者。1949年3月任南下干部组组长，浙江省人民政府鄞县民政科科长、办公室主任、县长。1951年11月任宁波专员公署秘书室主任。1954年国营第112厂（现中航工业沈飞）任车间支部书记、组织部副部长、厂工会主席、厂党委常委。1964年10月任苏州仪表厂党委书记。1966年4月任国营长风机械总厂党委书记，1979年1月任顾问。1983年12月离休，1985年6月去世。

1962年11月，地方国营苏州仪表厂改建为生产航空电气仪表的工厂，厂名为国营苏州仪表厂。1964年10月，张志舫任苏州仪表厂党委书记。

1963年10月，苏州仪表厂试制成功了具有较高精度的тцт-13气缸头温度表，同年12月，第三机械工业部和空军工程部联合批复了鉴定报告，同意转入批生产，为工厂试制航空电气仪表打下了良好的基础。

在试制气缸头温度表的过程中，工厂发现温度补偿元件——硅电阻很难达到产品技术要求，而且需从苏联进口，严重影响了生产进度和装配任务的完成。1963初，工厂成立了热敏电阻试制小组，经过近1年的努力试制获得成功，并顺利通过装配试验，性能比硅电阻明显优越。

1963年以后，国营苏州仪表厂经过技术改造，军品试制进度逐步加快，产品产量逐步增加，工业总产值也逐年提高。1963年试制成功航空产品2项，产量200多台（套），总产值73万元，由1962年的亏损变为略有盈余；1964年试制成功航空产品11项，产量1200名台（套），总产值190万元，利润12万元；1965年试制成功军品10项，产量达8000多台（套），总产值580万元，利润118

万元。

1966 年 4 月，三机部决定在苏州的航空企业国营苏州仪表厂、国营苏州仪器厂、国营苏州量具刃具厂三厂合并，厂名为国营长风机械总厂，张志舫任国营长风机械总厂党委书记。三厂合并后组织机构按“集中领导、分级管理”和“上合下分”的原则设置。生产经营、科研、教育、生活福利等由总厂统一领导，总厂以下按生产性质分为仪表、灯具、量具刃具、工装冲塑件、机修动力、热加工 6 个专业分厂，各分厂下设生产计划、技术、检验、经营管理 4 个职能室。另外，设立设计工艺研究室、半工半读技术学校、物资供应站和生活服务部等 4 个事业单位。

国营长风机械总厂正式成立后，在部和省、市领导关心下，张志舫带领工厂领导班子组织全厂干部职工从 3 个简陋的、规模较小的地方工厂逐步发展拥有较强技术力量和先进设备的现代化工厂。据 1983 年底统计，工厂有职工 3400 多人，大中专以上文化程度的有 700 多人，具有工程师、经济师技术职称的 300 多人。拥有各种机械制造设备、测试设备 1000 多台，厂房面积 6 万多米^2。有较强的仪表、电子、量具刃具、精密机械设计加工能力。

在张志舫和工厂领导班子的领导下，长风机械总厂航空仪表逐步由仿制走上自行设计的道路。20 世纪 70 年代研制成功机电伺服式仪表，它的研制成功，为实现仪表电子化、数字化开辟了道路。航空电器研制成功了限温放大器、转速放大器和振动放大器，为航空电器产品电子化、小型化创造了条件；工厂生产的启动箱试验器于 1980 年荣获国家银质奖。另外，工厂先后研制和生产了测温传感器、振动传感器及各种类型的热电偶式传感器，其中 CR－5 热电偶传感器荣获 1982 年国家金质奖。党的十一届三中全会后，全厂职工发奋图强，自力更生研制电子演示仪，1982 年试制出样品，1983 年改进后，已能显示起飞、着陆、导航、前置瞄准计算、连续计算弹点、导弹尾后发射和导弹拦射等画面，为航空座舱显示系统的开发奠定了基础。

工厂在进行军工产品研制同时，注重民品的开发和生产。量具产品结构上由游标卡尺向无视差和带表卡发展，功能上由三用向四用开拓，材质上由不锈钢替代碳钢，产品远销欧美；机用丝锥和磨槽钻头质量高受到用户的欢迎；内径表和无视差卡尺分别获江苏省、航空工业部优质产品称号。机床设备从生产航空专用设备向数控设备拓展，1970 年 9 月，成功研制出国内首台数控线切割机，1972 年批量生产数控线切割机床；此后不断改进，由分立元件向小规模集成电路和单板机电脑控制发展，在功能上无锥度向小锥度和大锥度改进。

国营长风机械总厂在张志舫和工厂领导班子的带领下，从 1966 年 5 月成立到 1983

年底，工厂实现利税总额5507万元，平均每年300余万元。1980年4月，第三机械工业部和江苏省人民政府分别授予国营长风机械总厂“大庆式企业”称号，1983年被苏州市评为文明工厂。

张志舫于1983年12月离休，1985年6月去世。

蒋绍南

蒋绍南（1927.4— ），山东文登人，国营黎阳机械厂（1980年10月与国营红湖机械厂、国营新艺机械厂、贵州喷气式发动机设计所、011基地601仓库整合为国营黎阳机械公司，2010年9月改组为贵州黎阳航空发动机（集团）有限公司，简称中航工业黎阳）首任党委书记。1942年上学期间，被选为抗日学生救国会委员；1944年考入文荣威联合中学读书；1945年胶东抗大分校学习；1945年9月参加了中国共产党，同年10月被分配到胶东军区炮训营、炮兵营工作。1946年起任胶东军区滨北军分区司令部及独立一团见习参谋、轮训队副队长、炮兵连副连长。解放战争中曾先后6次荣立四等功。1949年被分配到高炮522团任指导员；1952年，抗美援朝赴朝作战，1953年春调回华东军区防空司令部干部部做助理工作和团干部处处长工作，期间曾荣立三等功一次。1958年调到第八航校学习，结业后被分配到空军15师机务处任副主任。1963年12月，调国防部航空研究院第二研究所（现中航工业动力所）任副处长；1966年1月—1968年3月调贵州国营黎阳机械厂任党委书记。1968年3月调国营黎明机械制造厂（现中航工业黎明），先后任副厂长和副经理；1982年8月离休。

20世纪60年代中期，在中共中央、毛泽东主席“三线建设要抓紧”的号召下，三线建设的序幕在贵州崇山峻岭中拉开了。1966年，蒋绍南任国营黎阳机械厂党委书记。由蒋绍南、王新民等同志牵头，按照“山、散、洞”的布局要求，开始了国营黎阳机械厂（简称黎阳厂）的筹建工作。

黎阳厂的厂址选在贵州平坝县白云区境内的菜花洞。蒋绍南和王新民等在极其艰苦的环境条件下，与建筑工程部三局二公司组成联合指挥部，由蒋绍南任党委书记，进行一元化领导。建厂工作全面铺开后，他们率领建设者们自力更生、艰苦创业，首先抓好“三通一平”准备工作，即路通、水通、电通和平整土地。无论是领导干部还是普通职工，晴天一身汗，雨天一身泥，白天黑夜地铺路、拉电线、接通信设备，进行厂区基础建设，大家同吃同住同劳动。尽管大家都是从舒适的大城市来到这个“天无三日晴、地无三尺平、人无三分银”的贵州山沟，但大家都富有革命的乐观主义精神和战胜各种困难的坚强信念，干群关系十分融洽。

为了使工厂尽快建成投产，蒋绍南等率领黎阳广大建设者们，按照“三边”建厂方针，做到“边建设、边生产、边设计”，特别是做到生产准备先行。尽管当时困难重重，但从领导到普通职工，大家的热情很高，干劲很足，1000多米^{2}的厂房，3个月就可以建成；100多米^{2}的小房，一天就能够干完。同志们都具有无私奉献精神，没有一个人要加班费或换休票，大家没有任何怨言，设备一到，汽车喇叭就是命令，主动参与卸车、安装或调试。同志们白天忙本职工作，晚上还到工地抬砖、运石、拌砂浆。他们当中，有的是航空发动机的技术专家，有的是企业的管理骨干，大家几乎每天都干到深夜12点左右。由于大家的努力，建厂仅1年，各机加车间就陆续投入了试生产，建厂到第四年，即1970年5月23日，黎阳就成功生产出了贵州省第一台航空发动机，填补了贵州山区没有航空发动机的历史空白。

由于黎阳厂当时的职工来自沈阳黎明厂、哈尔滨东安厂和湖南南方厂等四面八方，身为党委书记的蒋绍南考虑到，必须加强职工的团结教育工作，增强干部职工的凝聚力，增强企业的凝聚力。为了抓好这项工作，他从共产党员抓起，利用各种会议或晚上空闲时间，多次组织党员进行学习教育，极大地调动了广大党员和干部职工的积极性。利用业余时间坚持为党员上大党课这一优良传统也一直延续到今天。40多年来，业余“大党课”已成为“黎阳特色”，并享誉贵州乃至全行业。

随着黎阳厂建厂步伐的加快，许多职工陆续把自己的家属迁到了贵州。为了积极妥善地解决好职工家属的安置问题，蒋绍南和班子成员一道，认真学习和贯彻落实毛泽东主席“五·七”指示精神，并责成有关干部主抓农副业生产，让许多闲置在家的职工家属加入到“五·七”大队的行列中来，从而得到了妥善的安置。一方面解决了职工家属的就业问题，减轻了职工家庭的经济压力，使他们通过自己的劳动，生活有所保障；另一方面也解决了职工的后顾之忧，使他们全力以赴把精力投入到企业当时的生产和建设中去。

黎阳厂所处的地方，是一个少数民族聚居的地区。建厂初期，企业征用了很多当地的民工，这些民工大多是少数民族。为了加强企业与地方少数民族的融合，处理好工厂与地方的关系，蒋绍南与班子成员充分考虑，认为必须在思想上教育和引导他们，在工作中团结和信任他们，在生活上关心和照顾他们。因此，蒋绍南等住在农家，带领干部职工帮助当地农民干农活，帮助农民打扫周围环境卫生，若在农忙季节里，还利用空闲帮助农民插秧或收稻子；同时针对少数民族民工的生活困难，想方设法为民工们解决实际困难，为他们购买了御寒的棉衣和棉被，并进行统一分配使用，从而有效地融洽了企业与地方特别是与少数民族的关系，形成了工农鱼水一家亲的良好局面。

蒋绍南工作照

1968 年 3 月，蒋绍南调到国营黎明机械制造厂，先后任副厂长和副经理。1982 年 8 月，因身体原因提前离休。

武振中

武振中（1921.6— ），河南巩义人，宏伟机械厂（2003年12月与中国航空救生研究所、汉江机械厂重组整合成立航宇救生装备有限公司，简称中航工业航宇）第一任党委书记。1938年在陕北参加八路军，1939年6月在延安加入中国共产党。1939年12月抗大第五期毕业学员，历任排长，政治指导员，青年干事，党总支书记，军区政治部秘书、科员、科长，营政治教导员，空军师政治部科长，空军唐山基地政治委员等职。1964年支援航空工业建设奉命调国营宏光机械厂（现中航工业宏光）任政治部主任；1966年8月任国营宏伟机械厂党委书记；1970年8月—1973年9月任西安航空学校革委会主任；1973年9月—1980年12月任国营武汉航空机械仪表厂（现中航工业武仪）党委书记；1980年12月调任406站副主任。1983年5月离休。

始建于1965年的国营宏伟机械厂（简称宏伟厂），是为了贯彻“靠山、隐蔽、分散”的三线建设方针和“低标准”建厂原则，分别建设在襄阳县永利大队苋菜冲内7个支沟里，长约2.5千米，由国营宏光机械厂包建。为了加强对基本建设的统一领导，根据三机部基建工作会议精神并学习西南地区基建工作经验，1966年7月，经襄阳县委批准，由工厂、地方、施工单位共同参加，成立了“宏伟工地党委”和“宏伟工地指挥部”。1966年8月，一纸调令，国营宏光机械厂政治部主任武振中，离开条件优越的大城市，来到交通不便、地域偏僻的宏伟建设工地，出任宏伟工地党委第一任书记。

武振中在1966年8月到1970年8月任宏伟工地党委书记4年期间，正值宏伟厂投产前的基本建设期，他克服了协调难度大和“文化大革命”的冲击，带领宏伟工地干部、职工和施工人员，充分发挥党委的核心领导作用，出色完成了一期工程全部建设和二期工程部分建设任务，并于1969年开始试生产，1970年正式投产，为宏伟厂的后期腾飞做出了重大贡献。

在宏伟工地党委和指挥部成立之前，工程施工协调难度大，工程进度慢，严重影响了工厂的建成投产。武振中上任后，为加快建设进度，1966年10月初，工地党委召开了“宏伟工地誓师比武大会”。在动员大会上，武振中号召工地全体成员积极投入

“三大战役”，奋战 90 天，完成基本建设任务。随后，在工地上下掀起了比思想、比干劲、比质量、比节约、比团结的“五比”竞赛高潮。建筑队提出“大雨小干，小雨大干，晴天一天顶一天半”的战斗口号；民工们决心做到“不把宏伟厂建设好不回家”；机关管理人员表示“宁可少睡觉，多流汗，也要确保建设任务完成”。在武振中的带领下，大家克服困难，团结奋斗，厉行节约，使一期工程取得很大进展。在“三大战役”实施过程中，武振中经常深入建设一线，亲力亲为，现场协调解决施工困难，并带领机关管理人员经常参加劳动，参与基本建设工作。至 1966 年底，以一、三区为重点，累计施工面积为 23190 米^2，其中竣工 3400 米^2，完成基建投资 194 万元。

通过 1966 年“三大战役”和“五比”劳动竞赛工作，加快了一期工程建设。但进入 1967 年以后，由于受“文化大革命”的干扰和冲击，一期工程建设受到严重影响。在各方面条件都十分困难的情况下，工地党委排除干扰，武振中带领宏伟厂干部、职工克服困难，发扬艰苦创业精神，自己动手搬运、安装金工、缝纫设备，积极进行生产前的各项准备，为工厂尽早投产进行了长时间的艰辛劳动，付出了巨大努力。经过 4 年建设，终于在 1969 年全部建成一期工程，并在当年生产出降落伞 500 具，为 1970 年的正式投产创造了条件。

1966 年 8 月成立的宏伟工地党委，是由工厂、地方、施工单位的有关领导组成的党委会。武振中作为工厂方的代表，又是党委会的“班长”，既要负责施工进度和质量，为全面投产创造条件，又要关心工厂职工的生活。建厂初期的宏伟厂，地处襄阳县境，当时地域偏僻，交通不便，地薄人稀。有许多从大城市调来的职工因不适应这

武振中工作照

里的艰苦条件而想方设法离开。武振中为稳定职工队伍，经常利用下班后的时间，到职工家中拉家常，谈工程建设，谈人生理想，拉近了党委与职工之间的距离，统一了职工思想，稳定了职工队伍。

为改善职工的生活条件，以武振中为书记的工地党委在 1966 年 8 月，通过组织“三大战役”，全面开展了工厂建设。至 1971 年底，先后建成职工住宅 43 幢，建筑面积 15003 米^2；建成单身职工住宅 19 幢，建筑面积 3890 米^2。这些住宅的建成，为宏伟厂的职工提供了必要的居住条件。1969 年，1000 多米^2 的职工食堂和一幢面积为 427 米^2 的卫生所正式投入使用，改善了职工的就餐环境和医疗条件。为解决职工子弟的入托和教育问题，工厂于 1967 年 3 月建立了托儿所，1967 年 8 月创办了子弟学校，解决了职工的后顾之忧。

武振中任宏伟工地党委书记的 4 年正是宏伟机械厂的创建时期，宏伟机械厂经历了从无到有的发展过程，也正是在以他为代表的老一辈宏伟人打下的坚实基础和优良的工作作风，才会有后来腾飞的宏伟机械厂。

1970 年以后，武振中调至西安航空学校、国营武汉航空机械仪表厂、406 站工作。1983 年 5 月离休。

张成宝

张成宝（1926. 1—2009. 2），辽宁金县人，国营安吉铸造厂（现贵州安吉航空精密铸造有限责任公司，简称中航工业安吉精铸）首任厂长。1950 年 5 月加入中国共产党。1951 年—1953 年 7 月，任旅大金县三区党委副书记、书记。1956 年 10 月—1966 年 2 月，任国营第 112 厂（现中航工业沈飞）车间党支部书记、主任。1966 年 8 月—1976 年 4 月，任国营安吉铸造厂（现中航工业安吉精铸）厂长，革委会副主任、主任等职。1976 年 4 月—1981 年 9 月，任国营安大锻造厂（现中航工业安大）党委副书记、革委会主任。1981 年 9 月—1984 年 12 月，任国营新安机械厂（现中航工业制动）党委书记。1986 年 5 月离休，2009 年 2 月去世。

1966 年 8 月，第三机械工业部决定在贵州建设一个航空铸造厂，为贵州地区航空工厂服务，定名为国营安吉铸造厂（简称安吉厂）。张成宝带领国营安吉铸造厂首批创业者，响应党中央“建设大三线”的号召，来到贵州高原当地的跳灯场公社的九头坡下安营扎寨。

安吉厂处于低山丘陵地带，中部主要为谷地，海拔标高为 1400 ~ 1562 米，气候温湿多雨。首批建设者们来到贵州高原，他们面对的是住四面透风的破屋，喝泥坑里的脏水，开门见大山，出门走山路的艰苦环境。但为了早日搞好三线建设，在张成宝的带领下，他们以惊人的毅力和胆略，在搞基本建设的同时，在一无资金、二无设备、三缺材料的困难情况下，土法上马展开了紧张的科研生产工作。筹集了若干原材料，在荒山坡下搭起席棚当厂房，挖来山砂代型砂，捡来一个废油桶改制成化铁炉，用三根竹竿扎成三脚架代替吊车，经过十几个日日夜夜的苦战，终于在 1966 年 9 月 15 日试制成功了工厂第一个产品——铸铁管。这虽是一个普通的铸件，但它是创业者们汗水和心血的结晶，是自力更生、艰苦奋斗精神的体现。由此这个荒山坡下的一片土地，被工厂光荣地命名为“915 区”，9 月 15 日这个安吉厂建设史上最难忘的一天，载入了安吉史册，“三根竹杆、一个油桶”的艰苦创业的“915 精神”，40 多年来一直激励着安吉厂职工奋进。

张成宝生活照

安吉厂厂区四面群山环抱，岗峦连绵，丘陵起伏，生产区及生活区建于山谷平地，海拔高度为 1438 米。生产区按生产特点以瓜藤式分散布置，分为一、二、三、五、六、七、八、九区，纵向长 3 千米，横向宽 1 千米。1966 年到 1968 年，在张成宝的带领下，工厂全面开展“三通一平”工作，同时继续扩大“915”精神土法上马。尽管在此期间受到“文化大革命”的冲击，但基建和生产没有停止。3 年中完成了 35000 伏高压线路架设，全厂各生产区和生活区的通水、通路、平整土地等工程和 300 多吨铸铁管生产任务。

1969 年至 1972 年是工厂全面大上基本建设的时期。在此期间，一批批老职工从沈阳、哈尔滨、西安、成都等地相继来厂，一批批新生力量从部队、学校分配来厂，使职工人数从 1968 年的 300 多人猛增到 2500 多人，加上国家先后派来的部队、建筑公司等专业施工队伍，还有民工，组成了一支浩浩荡荡的建设大军，开展轰轰烈烈的基建大会战。张成宝和建设大军一起经过 4 个春秋的艰苦奋战，到 1972 年底，按照设计，初步形成了铸铝、铸镁、精铸、铸铜、铸铁、模具、机修、动力、理化测试等基本生产条件和生活福利配套设施，并进行了小批量航空产品生产。

1973 年至 1975 年，是张成宝带领安吉厂逐步转入批量生产的 3 年。这 3 年中，安吉厂承担了 011 基地所有飞机、发动机和辅机配套的铸件生产任务，并参与了歼6 甲型飞机试制生产大会战。

1976 年至 1978 年是生产稳步上升的 3 年。在张成宝和工厂领导班子的带领下，安吉厂共盈利 362 万元。

1976 年，张成宝调离安吉厂，先后在安大锻造厂、国营新安机械厂任职。1986 年 5 月离休，2009 年 2 月去世。

李殿武

李殿武（1927.2—2010.11），辽宁法库人，国营安大锻造厂（现贵州安大航空锻造有限责任公司，简称中航工业安大）首任厂长。1948年4月参加革命，1949年5月入党。1966年8月调贵州国营安大锻造厂参与筹建工作，1966年10月起任国营安大锻造厂厂长、革委会副主任、党委副书记、副厂长等职。1978年10月调东北物资管理站404库任主任。1987年初离休，2010年11月去世。

为贯彻落实中共中央“加速三线建设”的战略部署，1966年3月12日，第三机械工业部下达贵州航空锻造厂设计任务书，后确定厂名为国营安大锻造厂。按三机部总体规划，工厂的性质和任务是：为三线贵州地区的飞机、发动机、辅机厂提供毛坯锻件的专业化厂。1966年8月，李殿武调往贵州国营安大锻造厂参与工厂筹建工作。由于建厂工程一时不能上马，李殿武和工厂其他领导都暂时在011基地办事处帮助工作。

1966年9月初，李殿武到云马厂、黎阳厂等主机厂学习新厂上马的经验，同时开始厂址的选定和勘测工作。经过1个多月的厂址定点实勘，反复比较，经上级批准，锻造厂厂址改定在安顺市头铺村大横山一带。此地地形隐蔽、交通方便、修筑公路容易、水源比较充足，建设锻造厂的条件优于初选点骑马大山。

9月29日，011办事处工程指挥部、工程党委扩大会议决定将国营安大锻造厂列为定点兴建厂。同日，李殿武和总工程师向011工程指挥部呈送报告，提出了今冬路通、水通、电通和平整土地（简称“三通一平”）计划，工厂正式开工建设。

10月，经第三机械工业部任命，工厂领导班子正式组成：党委书记沈锡生，厂长李殿武，总工程师张金芳，政治部主任侍光礼。

在工具、物资筹备就绪后，李殿武在上级下达的1200名民工指标中，仅从被占地的华严、二铺两个区组织了400名民工进厂施工。根据上级要求，以民兵建制组织民工劳动与生活管理，大家都住进了山洞，节省了近万元的建设费。为便于组织管理，由民工带队干部与工厂职工结合组成工地工程指挥部。

在民工进厂前的筹备阶段，由于人手少事情多，从早到晚都忙得团团转。为了更好地利用时间，他们到安顺011办事处、地区物资局等单位办事，一天要徒步往返两次，有时一天竟能办成17件事，办事效率非常高。在安排安顺运输联社的汽车从601库往工厂运货时，李殿武和张金芳两人分别在头铺村和601库两头督促，工作抓得很紧。有时赶不上到公社吃饭，就买点饼子或点心、红萝卜充饥，渴了就喝龙潭水，李殿武的慢性结肠炎就是那个时候得的。看到同志们在艰苦的条件下辛苦工作，同时也为了更好地规划现场施工和搞好筹备工作，李殿武牵头筹办起了食堂，使职工吃饭问题得到了解决和保障。

12月，时任厂长的李殿武召开第一次全厂大会，动员开展“三通一平”工作。至年末，招用民工近2000名，组成9个民工连队进行现场施工。修建进厂道路4千米，与黔昆公路96千米处连接，穿过核桃寨，直到大横山下干塘坝职工住宅区。李殿武等领导亲自施工放线，建设两栋600米^{2}的石头房，在一定程度上改善了职工的生活和住宿条件。

1967年4月，受“文化大革命”的影响，李殿武被暂停了工作，直至1968年1月得以恢复工作。1968年2月12日召开全厂大会，李殿武代表工厂做题为《三年规划，五年设想》的工作报告，受到职工欢迎。

1970年2月17日，厂革委会讨论决定并报011系统军管会批准，李殿武被任命为生产组组长。到1975年，为在六七月份完成歼6甲飞机和815甲型发动机全部锻件，力争12月飞机上天，工厂党委、革委会联席会议决定成立会战指挥部，李殿武任副指挥长。

李殿武工作照

工厂建设先后掀起几个“大会战”的高潮，工厂领导率领全体职工及家属、学生们，全力以赴配合现场施工，千方百计为现场服务，赢得了各次“大会战”的胜利。为解决10吨模锻锤基础设计、施工方案，李殿武还亲自去乌江电站请水电部八局工程师进行审定。工厂先后建成了锻造、气体、10吨模锻锤、炼钢、机加厂房、两所屯火车站及其铁路专用线，生产加热供油装置、道路改线与铺沥青路面，以及风、水、电等生产辅助建设项目，建成了比较完善的商业、文化、娱乐、宿舍等生活福利设施，形成了工厂的建设规模。李殿武作为国营安大锻造厂第一任厂长，为航空三线建设做出了应有的贡献。

1978年10月，李殿武调到东北物资管理站404库任主任。1987年初离休，2010年11月去世。

李治国

李治国（1920.3—2003.6），河北青县人，国营安塘机械厂（现贵州红林机械有限公司，简称中航工业红林）首任党委书记。1938 年参军，同年加入中国共产党。历任八路军冀中独立一团三营文书、冀中南进支队司令部党支部书记、冀中军区政治部巡视团巡视员、冀东 13 团三连副政治指导员、一连政治指导员等。1939 年 4 月作战负伤（二等甲级）。1940 年被评为模范党支部书记。1945 年在宝坻赵各庄战斗中受到通令表彰，同年起先后任冀东武宝宁支队、冀东 15 军分区直属队总支书记，138 师 413 团三营教导员，138 师司令部队列科科长等。参加过辽沈战役、平津战役及衡宝战役，荣获两枚三级勋章。从 1950 年起，历任空军第二航校队列科科长，中朝空军联合司令部干部部任免科科长，空军 9 师、4 师干部部部长，空军周水子场站政委，空军周水子基地副政委。1964 年转业，任国营西安机械厂（现中航工业西控）政治部主任，1966 年 10 月任国营安塘机械厂（现中航工业红林）党委书记，1976 年任国营秦岭机电制造公司（现中航工业电源）党委书记、西安机械厂顾问。1988 年获国防科工委颁发的“献身国防科技事业”荣誉证书和证章。李治国 1981 年离休，2003 年 6 月去世。

1966 年 10 月，李治国受命参与了“三线”建设，被派往贵州国营安塘机械厂，任党委书记。他首先负责为新厂建设挑选了第一支干部队伍，带领 22 人抵达贵州黔西桃井公社（安塘厂厂址），成立了安塘厂临时党委。

建厂初期，条件非常艰苦，当时的办公地点与住宿地有 2 千米左右的距离。为了更好地开展工作，李治国和宋宗元两位领导商量后决定在山洞里用芦席和稻草帘子搭建棚子作为临时住宿和办公地点。由于当时的周围环境非常恶劣，杂草丛生，与世隔绝，伙食又差，生活非常艰苦，与当时三线援建时的宣传有些落差，许多人就有了回家的想法。为了祖国的三线建设，李治国坚持政治动员，非常耐心地进行劝导，从每一位党员同志入手，给他们做思想工作，动之以情、晓之以理，为他们讲三线建设对祖国的重要性，讲自己这一辈子在战争年代所吃过的苦。通过做大量的思想工作，很大程度上稳定了职工队伍，为新厂建设留住了宝贵的人才。

李治国生活照

李治国没有官架子，是个乐天派，住在山洞草棚里和大家一样夜里轮班站岗放哨。每天清晨早早起来，嘴里还哼着小曲，这小曲就像起床的号音。那时，用水要到后面约1千米远的出水洞去挑。坡陡路滑，大家见他年纪大了，不让他去挑水，可他时常乘人们未起床就挑来水，让大家洗漱。他身先士卒，干起活来从不分干部职工，常常带领大家一起上工地。清理山洞里的石头时，和大家一起在山洞里拉板车、搬石头。当时工厂还没通电，为了工厂能够及时通电，李治国亲自带领大家铺设线路。当时的贵州黔西桃井公社还是一块从未开发的不毛之地，面对杂草丛生、荆棘遍地的恶劣环境，大家硬是肩扛手拽地用当时唯一的一部设备——紧线器架起了一段段线路。手臂、腿部经常被荆棘划伤，到处伤痕累累，但在他的亲自带领下，从来没有人抱怨过。

建厂工作开始时，没有民工，来了材料都是大家动手卸车搬运。有一天，天快黑时一车炸药到厂，要马上卸下车，搬扛到山上的炸药库去。当时许多人没接触过炸药，天又下着雨，上山的小路又湿又滑，有的人不敢去扛。这时李治国默默地走到车前，扛起炸药箱就往山上走，大家见书记亲自扛炸药箱上山，纷纷赶来卸车搬运炸药。

“文化大革命”中他受到不公正待遇，但他始终坚信党的领导，从未对党的领导产生过怀疑。他经常讲“中国共产党是能经受得住任何考验的，一切反动分子的嚣张气焰都不会长久”，体现了一位老八路、老共产党员对党的无限忠诚。

1976 年，李治国调任国营秦岭机电制造公司党委书记。1981 年离休，2003 年 6 月去世。

张增福

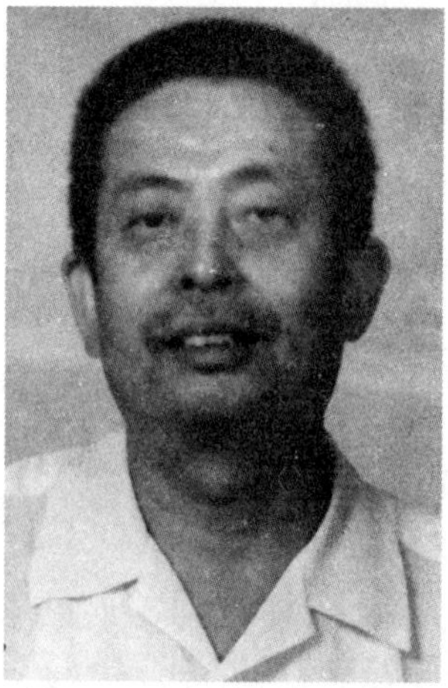

张增福（1930.2—1994.2），山东荣成人，国营五一机械厂（现长沙中传机械有限公司，简称中航工业中传）首任厂长。1947年6月参加工作，先后在山东胶东兵工二厂和徐州市兵工三厂当工人。1950年11月调入株洲市282厂，1951年7月担任副工长、工长。1953年7月调入国营第331厂（现中航工业南方），先后任工会生产干事、工会生产委员会主任、四二车间总工长、副主任、主任等职。1955年11月加入中国共产党。1965年参加迁建沅陵的三线建设，1966年11月，任国营五一机械厂代理厂长，负责工厂的生产、建设工作。1969年8月起任革委会生产组长、革委会副主任、革委会主任，1978年8月任厂长。1990年9月离休，1994年2月去世。

国营五一机械厂是1965年在国营湘江机器厂（现中航工业南方）第八分厂（齿轮车间、中小钢制件车间）基础上迁至湖南沅陵建立的。1970年3月，按第三机械工业部要求，国营五一机械厂正式独立，扩建为直升机用的涡轮轴式发动机传动机匣和体外减速器生产厂。

1965年开始，张增福参加了迁建沅陵的三线建设。他受命承担两大任务：组织员工在株洲厂房进行军品生产，确保国家计划任务按时完成；负责把株洲厂房的人员、设备、工具、材料转移至沅陵的新建厂房。他克服路途遥远、交通不便、运输任务繁重等多种困难，保证了沅陵新厂房在湘西三线建设中仅用1年的时间建成投产。在此后的10多年里，他贯彻执行第三机械工业部关于三线建设中因陋就简、生活节俭原则，一家人在山上住10多米^{2}的低矮平房，带领干部员工为航空发动机的发展做出了贡献。

1966年11月，国营五一机械厂在湘西沅陵建厂完工，经国家验收，全面投入生产，上级任命张增福为代厂长。此时，正处于“文化大革命”时期，人心涣散、机构混乱、指挥失灵、生产秩序被破坏。为了扭转这种局面，他团结带领班子成员，经常深入基层，了解情况，问计群众。领导班子相信和依靠广大干部员工，从抓企业管理入手，加强工厂内部基础管理建设，建立健全组织机构，明确职工岗位职责，制定和完善了生产、计划、技术、质量、劳资、财务、教育、生活、卫生等多项制度，使全厂职工工作有章可循，责任感不断增强，混乱的管理局面得到扭转。他每周主持召开一次厂务会、生产作业会，分析解决生产经营中出现的问题，有效地促进了生产经营工作的顺利开展，为工厂完成国家指定性任务提供了坚实的组织保证。

张增福创造性地提出自制机床和设备，提高生产能力。他组织全厂大协作、自力更生、中外结合，仅用1年多时间，设计制造了100多台车床、铣床设备，为扩大生产打下了良好基础。

1972年2月，为外国总统首度访华用车生产制造高精度齿轮。承担这一任务的上海某厂因设备、技术无法满足其“准双曲面锥齿轮”的特殊要求，他们通过第三机械工业部找到国营五一机械厂。张增福勇于担当，亲自挂帅，成立攻关小组，带领干部员工日夜奋战在生产现场，在没有高精密检测仪器等设备情况下，经过多次加工，反复测试，终于按时制造出合格的高精密齿轮交付上海厂家，为国家争光。

张增福受三机部委托，组织工厂技术人员，完成涡桨6发动机中模数齿轮标准、航空锥齿轮传动公差两大科研技术项目，1978年受到首届全国科学大会嘉奖。

1978年7月，三机部明确提出，航空工业要实行科研先行的方针，提出了飞机发展“更新一代、研制一代、预研一代”的目标。从此，航空工业开始从重点抓生产到专项抓科研和新飞机的转变。国营五一机械厂先后完成直5角度减速器和直八中尾减速器的自行设计和制造，完成了涡桨5、涡桨6、涡喷6、涡扇8、涡扇9（斯贝）等发动机齿轮及直7、直9发动机齿轮，体外减速器等10多个机种的研制任务。对国营五

张增福工作照

一机械厂生产的各类齿轮，三机部和兄弟单位均给予高度评价。这个时期，国营五一机械厂由7种军品发展到31种，由2个配套厂增加到16个配套厂，由加工活塞式发动机齿轮过渡到加工燃气涡轮发动机齿轮的新阶段。

张增福认真贯彻“军民结合”的方针，在抓军品科研生产的同时，大力开发民品。他专门组织调研小组，广泛进行市场调研，反复比较，最后确定研制生产技术含量高、市场前景好、适合工厂技术特点的YBQ-323液力变矩器。从测绘、设计、改进、试生产，到投放市场后，全国客户纷纷前来洽商订货，投入批量生产后，供不应求，成为当时工厂经济的主要增长点，为工厂开发新产品、提高经济效益开创了新的局面。

张增福在任职期间，把质量工作作为一把手工程来抓。根据三机部有关部署，定期开展产品质量大检查，工厂内部经常开展产品零部件质量升级活动，健全以总工程师为首的技术管理体制，使工厂产品交付率、一次试车合格率稳定在95%以上。

张增福主持工作期间，工厂工业总产值提高了一倍，各项经济技术指标均按年度完成或超额完成国家计划。20世纪70年代中期，地方政府高层领导来厂视察生产现场，看到职工的劳动热情，给予高度评价，誉为“山沟里的金凤凰”。工厂多次受到省国防工办、省三机局的表彰，1977年、1978年先后被授予湖南省、第三机械工业部“大庆式企业”光荣称号。

张增福1990年9月离休，1994年2月去世。

吴之一

吴之一（1925. 4— ），吉林桦甸人，汉中运输机制造厂（1978年12月，汉中歼击机总装试飞厂、部装机加厂和012基地设计所合并为汉中运输机制造厂，现为陕西飞机工业（集团）有限公司，简称中航工业陕飞）首任厂长、党委书记。1942年1月任吉林桦甸县高级小学教员。1945年4月先后在长春第一飞行队、东北民主联军军政学校学习。1946年4月任东北军区航空学校科员、股长。1949年1月任空军工程部一厂厂长助理。1951年7月任航空工业局121厂生产副科长。1951年10月任株洲331厂（现中航工业南方）检验科长。1952年5月任321厂（现中航工业洪都）检验科长、总检验师、副总工程师。1959年9月至1962年7月，在北京航空学院特别班学习。1962年9月任国营洪都机械厂副总工程师。1967年5月任汉中303工地（总装试飞厂前身）党支部书记、革命领导小组组长，1970年8月任总装试飞厂核心小组副组长。1973年11月起先后任部装机加厂党委筹建领导小组组长、党委副书记、革委会主任、代理党委书记、厂长。1979年4月任012基地副主任、汉中运输机制造厂（现中航工业陕飞）厂长，1980年1月任汉中运输机制造厂临时党委书记、党委书记。1982年2月调第三机械工业部第630研究所（现试飞院）任党委书记。1989年6月离休。

1967年3月，吴之一由国营洪都机械厂调至汉中303工地，5月担任工地党支部书记和革命领导小组组长。面对物资匮乏和恶劣的自然环境，吴之一组织和领导全体职工头顶蓝天，脚踏荒原，饥餐冷馒头，渴饮山泉水，晴天一身土，雨天一身泥，自力更生、克服困难，修建了全长12.3千米的厂外公路；组织建设8762变电站和刘渠坎398米^{2}的干打垒暂设平房。1970年5月，在没有大型机械化设备的情况下，组织全厂职工自己动手，挑沙运石，铺路修桥，实现了“三通一平”，并创办砖场、石灰窑、砂石厂，自建1171米^{2}的3层砖拱单身宿舍，成为陕飞历史上有名的“自力更生楼”。紧接着，组织全厂干部职工开展了水泵房、汽车库、外来成品库等设施及家属楼、综合厂房施工建设。1971年，共完成投资348.13万元，施工面积18554米^2，竣工面积2022米^2，完成暂设工程19214.36米^2，铺设正式上水管道3450米、临时水管道1000

米，架设高压输电线路17千米，完成土方工程量66836米^3。

1973年11月，吴之一调至部装机加厂任党委筹建领导小组组长。就在这一年秋季，汉中地区遇到了罕见的暴雨天气，一连下了40天，致使厂区出现了程度不同的滑坡40余处，给工厂基建和生产带来很大影响。面对严峻的现实，吴之一和领导班子其他成员立即组织力量进行防洪抢险，克服了重重困难，出色地完成了当年的各项任务。

1974年，按照三机部“使运8飞机早日试制并尽快投产”的指示精神，部装机加厂党的核心领导小组决定，在继续“治滑保厂”的同时，恢复飞机生产线，抽出部分力量开展中央翼、水平尾翼两个部件的生产准备工作，12月底，完成了两部件的铆装任务。1975年1月，三机部决定，把012基地原定于1976年7月在汉中试制第一架运8飞机提前为1975年底上天。要实现运8会战目标，任务非常艰巨，当年转厂，当年安装型架，当年试制，当年出飞机，这在我国航空史上是没有过的，加之当时由于部装机加厂区受滑坡的影响致使部分厂房建设延期，要完成运8试制的任务困难可想而知。面对主观与客观条件极度悬殊的情况，1975年3月，部装机加厂召开全厂誓师动员大会，提出“大干150天，拿出运8做贡献”的口号。大会宣布成立运8会战指挥部，吴之一任总指挥。会战指挥部设在机身车间，吴之一同指挥部成员吃住在车间，实行昼夜值班，面对面地直接领导指挥生产。在吴之一的领导下，部装机加厂在运8会战中先后打赢了型架基础之战、型架检修安装之战、组合件铆接之战和部件装配4个攻坚战，在10月终于顺利交付了中外翼、机身前段、尾段、尾舱等部件，保证了总装的生产进程，为1975年底实现运8飞机上天打下了坚实基础。

1975年起，吴之一根据运8飞机试制及工厂基础管理等工作需要，与班子其他成员认真研究、谋划，构建了运8飞机生产经营的工厂管理体制，各项规章制度逐步健全和完善。1976年，建立了以岗位责任制为中心的各项规章制度，对建立正常生产、工作秩序发挥了重要作用。

吴之一兼任工厂科技委主任期间，组织科技人员围绕技术关键和生产薄弱环节，着重在革新、改造和挖潜方面狠下功夫，不断研究采用和扩大新技术的使用范围。1975年至1978年4年间，全厂完成包括引进新工艺、新技术，自制急需的专用设备，改造现有的设备等大小革新项目数百项，对运8试制起到了积极的促进作用。

1978年12月，三机部决定将总装试飞厂、部装机加厂和012基地设计所合并为汉中运输机制造厂，吴之一担任合厂领导小组副组长，具体负责机身厂的合厂事宜。他积极与领导小组组长协商、制定合并后工厂管理体制、规章制度等各项工厂管理事宜。1979年4月，吴之一任汉中运输机制造厂厂长，1980年1月任临时党委书记，并在同年当选党委书记。

两厂一所合并后，在吴之一等首任厂领导班子的领导下，建立了工厂各项管理体系，同时运 8 飞机设计定型工作也全面铺开。成立了设计定型领导小组，明确了职责，召开设计定型动员大会，布置了会战任务，合理调配人、财、物资源，攻克了设计、生产、试飞等多项技术难关，确保了设计定型工作得以顺利进行。1980 年 2 月 11 日，国务院、中央军委常规军工产品定型委员会正式批准运 8 飞机设计定型。

1982 年 2 月，吴之一调往三机部第 630 研究所任职，1989 年 6 月离休。

徐赖观

徐赖观（1923.10—1988.5），安徽天长人，航空救生研究设计所（2003年12月与汉江机械厂、宏伟机械厂重组整合成立航宇救生装备有限公司，简称中航工业航宇）筹建组负责人。1943年12月加入中国共产党，曾任本县王桥区小溪乡党支部副书记、副乡长，新河乡指导员，甘泉县农民抗敌协会筹备理事会秘书，县委会生产部会计。1946年11月参加中国人民解放军，曾任华东野战军二纵队四旅政治部组织科干事，21军四师政治部保卫科干事。1949年8月后，历任三野21军61师独立团政治处保卫股副股长、股长，独立团一队指导员。1951年1月起历任21军炮兵训练大队政治处保卫股股长、华东军区第七陆军医院政治处保卫助理员、军区后勤部303厂人事科科长。1954年10月转业到北京航空材料研究所（现中航工业航材院）工作，历任研究所试验场主任、第二机械工业部（二机部）航空工业局审干办公室副主任、第一机械工业部（一机部）航空工业局办公室调研科科长、第三机械工业部航空研究院第九研究所（现中航工业制造所）基建处副处长。1968年3月任航空救生研究设计所筹建组临时负责人，1979年起任副所长、党委常委。1983年3月离休，1988年5月去世。

1943年12月，徐赖观加入中国共产党，成为从事党的秘密工作的党员之一。因工作积极、立场坚定、廉洁奉公，对敌斗争坚决，在发动群众斗争、建立政权等工作中取得一定成绩，受到区领导多次表扬。

1946年7月，因国民党撕毁政治协议，全面进攻解放区，徐赖观随县委撤退到山东，转入华东党校华中分校二中队学习。在撤退过程中，徐赖观不怕困难，坚定信念，忠诚地保管好大批公款。1946年10月，徐赖观由地方转到部队成为一名军人，在机关从事保卫工作。期间，他较好地掌握党的反特斗争原则和政策，主动协助地方党委处理匪特之间矛盾，审查、侦破、破获多起敌特案件，取得了一定的工作成绩。徐赖观先后参加了孟良崮、济南、淮海、渡江等多次战役，参加淮海战役时因对敌开展政治攻势取得一定成绩，荣立4次三等功、1次四等功。1949年8月到1950年3月，因参加浙江剿匪战斗有功荣立1次四等功，1950年10月，在21军教导团协助黄岩县路桥区侦破国民党反共救国军浙江纵队案，荣立三等功。

1954 年 8 月下旬，徐赖观由华东军区总后勤政治部转业到二机部十局在南京创办的 292 技工学校，参加筹备工作。1954 年 10 月，到二机部北京航空材料研究所工作，期间以身作则，深入群众，发动群众，关心群众，虚心诚恳帮助下级，能够调动一切积极力量完成上级交办的各项任务。在调入航空工业局机关后，带病坚持工作，积极努力，表现较好。

1968 年 3 月，徐赖观从第三机械工业部航空研究院第九研究所来到湖北襄樊，受命组建襄樊航空救生研究设计所，任筹建组临时负责人、副所长、所党委常委等职务。作为创建研究所的主要领导人之一，他直接领导、参与了研究所设计任务书的制定、所址选点和基本建设。在踏勘选址过程中，他身先士卒，带领大家爬山路、攀小道，走遍山山岭岭，掌握第一手资料，同时四处奔波，和地方政府就征地问题疏通渠道，几经上级审核，将所址选定在襄樊市西郊泥嘴区鲁家冲区域，为组建工作奠定了基础。组建初期，条件异常艰苦，他和大家住芦席棚，喝泥塘水，一砖一瓦，从零起步，边施工边科研，为加快建设步伐做出了积极贡献，集中体现了一名老党员、老干部忠诚党的事业，无私奉献和艰苦奋斗的可贵品质。同时，为积极协调推进火箭橇滑轨建设前期论证选址等也做了大量工作，做出了一定成绩。

徐赖观生活照

1983年3月，徐赖观响应党的干部年轻化的号召，在研究所首批离休。离休后主动担任所志总编辑和子弟学校校外辅导员。徐赖观在研究所艰苦奋斗，勤勉工作整整20年，为研究所的建设和航空救生事业呕心沥血，做出了积极贡献，荣获航空工业部颁发的“献身航空工业三十年”荣誉证书。1988年5月去世。

张茂林

张茂林（1927.7— 1990.4），河北丰润人，中国人民解放军第608研究所（现中国航空动力机械研究所，简称中航工业动研所）筹建小组组长。1944年4月参加八路军，历任中国人民解放军第46军138师413团七连政治指导员、一营副政治教导员。1956年2月—1960年10月，进入东北军区82速中军校学习文化，并任学员中队队长。1960年10月—1961年9月，任中国人民解放军第二政干校四队学员。1961年10月—1963年4月，任国防部航空研究院第二研究所（现中航工业动力所）副政委。1963年4月—1966年3月，航空研究院集体转业，改任政治指导员。1966年3月—1968年3月，参与筹建国营安吉铸造厂（现中航工业安吉精铸），任党委书记。1968年3月任中国人民解放军第608研究所筹建小组组长，1975年12月起担任研究所副所长。1990年4月去世。

张茂林参加八路军后在战斗中积极勇敢，冲锋陷阵，多次负伤。一次在香河保卫战中被炮弹打中大腿，在没有麻药的情况下，仅靠简陋的工具将弹片挖出来。其后他又经历了抗日战争，解放东北、西南、华南、海南岛等多个战役。全国解放后，张茂林参加了抗美援朝的战斗，后随军进入广东，他所在的连队取得了“四好”连队的称号。

1968年，中央军委、国防科委决定组建第608研究所，目的在于加强军用直升机飞机和运输飞机动力装置的设计研究工作，由单一的涡喷型研究进入到涡喷、涡轴、涡桨等多种类型综合研究阶段，逐步改善空军、海军航空兵的装备，提高我军战术、技术素质，增强我军在现代化战争中的实力。1968年3月，张茂林受航空研究院政治部的指派参与筹建研究所，任筹建小组组长，后担任研究所副所长。

在建所初期，科研人员从四面八方汇集过来。从那时到1973年近6年的时间，伴随着动乱的年代，研究所所址三迁四改，辗转周折，最后落户于株洲。当时试制车间只有50名职工，两台破旧设备，加工条件极不完备。在张茂林等老一辈创始人的带领下，研究所人凭着对事业执著追求的信念和顽强拼搏的精神，边建设、边科研，在生活和科研条件十分落后的情况下，承担了涡轴5、涡轴5甲、涡喷10、涡轮7等多种型

张茂林生活照

号发动机及传动系统的研制任务，为研究所今后的发展打下了坚实的基础。1981 年 2 月，研究所被列为“停缓建”单位，其生存与发展面临严峻的考验。面对困境，等待与放弃不是研究所人的性格，放手一搏才有出路。根据当时“军民结合、以民养军”的发展方针，他们一方面继续推进航空科研，先后开展了多种型号航空发动机的研制及预研工作，并不断取得阶段性成果；另一方面，发挥航空高科技优势，加速军工技术向民用领域的转移，安排了全所 1/3 的人员大力开发 DQ1000 矿井灭火装置、油田用天然气压缩机组、上海面包生产自动线等民品项目，有力地帮助研究所摆脱了困境。1984 年 5 月，“停缓建”局面基本结束，研究所随之步入了一个新的发展时期，同时也迎来了科技强军的新曙光。

作为第 608 研究所的创始人之一，张茂林尊重知识分子，爱护知识分子，在“文化大革命”中保护受到冲击的知识分子；为振兴祖国的航空事业，他和班子成员同心协力带领全所干部职工艰苦创业，顽强拼搏，使研究所在科研生产、民品研发、科研生产管理等方面得到了提高，为研究所的后续发展夯实了基础。他对党的事业忠心耿耿，对本职工作兢兢业业，任劳任怨，责任感强，干劲十足，作风扎实，各项工作以身作则，率先垂范，深入实际调查研究解决问题。因工作成绩显著，他多次立功并受到嘉奖，深得群众的信赖和好评。1990 年 4 月去世。

郑维康

郑维康（1928.10—2009.1），浙江慈溪人，航空火力控制系统研究所（现洛阳电光设备研究所，简称中航工业光电所）筹建组组长，第一任所长。1945年2月在浙江省加入浙东新四军，1948年6月加入中国共产党。自1945年起，曾先后就读于浙江新四军抗大、空军第一航空学校、解放军俄语专科学校、苏联茹可夫斯基军事航空工程学院，后进入大学深造，在校期间，成绩优异，立三等功一次，并承担多项设计工作。1961年10月进入国防部航空研究院第五研究所（现中航工业导弹院）工作，任总体研究室主任。1968年4月，任航空火力控制系统研究所筹建组组长，1969年开始全面负责研究所的技术及行政领导工作，1978年被任命为航空火力控制系统研究所所长，1985年起担任所技术顾问。1980年被选为洛阳市第七届人大代表。1988年获航空航天部颁发的“献身航空工业三十年”荣誉证书。1992年被航空航天部授予“有突出贡献专家”称号。1990年11月离休，2009年1月去世。

1961年10月，郑维康进入国防部航空研究院第五研究所工作，任总体研究室主任。参与翻译苏联导弹俄文资料、组织承担导弹总体部分反设计、导弹改进设计等多项工作。1965年起任副总设计师，技术上分管雷达与火力控制系统，组织了型号摸透工作。

为进一步适应国防建设的需要，加速我国航空火力控制技术的发展，经中央军委及国防科委决定，筹建航空火力控制系统研究所，1968年4月任命郑维康担任筹建组组长。为了选址，郑维康带队组织人员分赴湖南、湖北、四川、河南四省进行实地考察，历经1年多时间，终于在1969年底完成选址工作，于1970年5月10日在洛阳正式建所。

1970年5月至1978年12月近9年间，郑维康全面负责研究所的技术及行政领导工作。在面临建所初期社会动荡的局势下，他带领研究所干部职工抓紧充实专业技术知识，在工作条件差的情况下，狠抓科研生产、队伍建设，狠抓基本建设、试验设备和物资工作，为科研快上创造了条件。在所内“边基建、边科研”的方针指导下，带领广大职工，一方面借用场地开展工作，一方面加班加点积极建设科研生产大楼和厂

郑维康生活照

房，仅用了 10 个月的时间，就顺利竣工并交付使用。在此期间，他还组织完成了航空火力控制系统研究所设计任务书的编制、轰炸弹道表的研制，参与了型号联试及改进方案论证等一系列工作，带领研究所取得了第一批科技成果。

"文化大革命"期间，在以郑维康为核心的领导班子领导下，带领所内职工积极抵制"左"的影响，维护了所内稳定，坚持科研工作不停滞，不仅扩大了生产规模，开展了多项预先研究，还取得了 4 项主要科技成果。特别是由郑维康主抓分管的三个型号的设计定型，分获了全国科学大会奖和部级一等奖。

1978 年 6 月，郑维康被第三机械工业部党组正式任命为航空火力控制系统研究所所长，在之后的近 10 年时间里，他带领研究所逐步走向了成熟：组织制订了"更新一代、研制一代、预研一代"的航空火控系统八年发展计划；加强科研计划管理工作，实行科研计划评审；针对"机种多、型号多、战线长、人力物力财力比较分散"的情况，确定了"一机多型"的原则；通过合理谋划，协调组织，要求科研部门狠抓诸多新技术、新原理的研究，设计方法和设计工艺的完善，使 13 种飞机的几十项型号产品设备相继顺利完成开题研制、设计定型、样机试飞；在发展军品的同时，也主动开拓民品市场，使民品发展也初步取得了成绩，先后研制成功了领航计算机、心脏体外反搏器等产品，并推进研究所开展了一些技术改造项目。

在郑维康的带领下，研究所克服了任务重、困难多的复杂局面，打了一个又一个硬仗。从 1979 年起，研究所每年都能较好地完成或超额完成计划考核任务，并在几年中取得了科技成果100余项。尤其是在科研指导思想和方向任务上，郑维康要求狠抓预研、狠抓质量，并要求转单一科研模式为科研、生产、经营相结合，转单一军品为军品民品相结合，初步实现了研究所的转轨变型。从1979年起，研究所对航空火控技术的研究在经过摸透反设计和自行设计两个阶段后，也进入了全新发展阶段，科研技术上迈出了三大步，研究设计出了三代产品，即第一代某系列各种航空瞄准具，第二代结构较复杂、功能较齐全、性能较为先进的多种平显火控系统，第三代当时最先进的航空综合武器火控电子系统，已具备了相当的基础和较高的水平。在老一辈航空人航空报国理想的支持下，郑维康不忘肩负的使命，坚定地团结带领有关科研人员，不怕困难、奋勇拼搏，攻克一个个难关，按计划保质保量地完成各项任务。

郑维康在从事航空火力控制系统研究所领导工作的近20年时间里，带领研究所职工共克时艰，走过了建设初期的艰难，为研究所的发展谋好了定位，做好了前瞻，夯实了基础，也为航空事业的发展做出了不可磨灭的贡献。

郑维康1985年起担任所技术顾问。1990年11月离休，2009年1月去世。

宋德云

宋德云（1926.10—2007.3），辽宁新金人，汉中运输机制造厂（1978年12月，汉中歼击机总装试飞厂、部装机加厂和012基地设计所合并为汉中运输机制造厂，现为陕西飞机工业（集团）有限公司，简称中航工业陕飞）厂长。1945年参军，1947年于空军东北航空学校第一期毕业。1947年5月—1950年，任东北空军修理厂副所长。1951年任航空工业局第121厂总装车间主任、材料科科长。1953—1960年，任国营伟建机器厂（现中航工业哈飞）试飞站站长、副生产长。1960—1962年，任国营昌河机械厂（现中航工业昌飞）副总工程师。1963—1968年，任国营洪都机械厂（现中航工业洪都）副总工程师。1968年5月—1970年8月，调至301工地（汉中歼击机机身厂前身），先后任301工地负责人、革命领导小组组长等职。1970年8月任部装机加厂核心小组副组长。1973年7月—1979年1月，调汉中歼击机总装试飞厂，先后任党委副书记、革命委员会主任、厂长。1979年4月—1980年10月，任汉中运输机制造厂（现中航工业陕飞）副厂长兼总工程师、党委副书记，1980年10月—1982年12月，任厂长。宋德云曾获国家科技成果二等奖。1991年荣获航空航天工业部"劳动模范"称号。1987年9月离休，2007年3月去世。

1947年，宋德云从空军东北航空学校第一期毕业后，开始从事飞机发动机研究工作，后转入飞机制造、飞机试飞的组织工作。1965年，国务院国防工业办公室确定第三机械工业部在陕南地区建设一套歼击机基地，并进行了选厂定点的踏勘，初步确定了在汉中地区建设一套飞机工厂、一套发动机工厂及专业化厂的基地。1967年，宋德云从国营洪都机械厂调到301工地负责工作。宋德云初到工地，就遇到了国家政策的调整，三机部向国家计委、国防工办提出：局部调整汉中地区1967年基本建设计划，推迟主机厂的建设，增加缺门短线的辅机项目，汉中歼击机机身厂由原来的大干快上的重点项目调整为筹建。由于当时301工地选址在洋县雍家西沟，在筹建过程中，纵观滑坡地段狭窄的沟谷，怎么布局也摆不下。宋德云会同301工地革命领导小组其他成员商议决定，成立新厂选点小组。经过两个多月的反复调查，多次实地考察，重新确定了厂址并获得了上级部门的批准，原厂址由洋县雍家西沟迁至现址城固县文川区刘渠坎，301 工地改为655 工地。1969 年，宋德云担任655 工地革命领导小组组长。

宋德云会同核心小组其他成员，组织开展了机身厂早期路通、水通、电通和平整土地的“三通一平”和基本建设工作。1971 年是工厂建设的高峰时期，三机部将部装机加厂的基本建设列为重点工程项目，要求全力以赴，抓紧建设，迅速形成生产能力。1972 年，国务院、中央军委把汉中基地的建设列为第四个五年计划的重点项目。3 月，012 基地正式下达了部装机加厂基本建设计划，要求集中力量，建成机械加工、生产准备、机动 3 条线，确保运 8 飞机转厂、试制安排。在宋德云和其他小组成员的领导下，该年新开工厂房 15 座，宿舍楼 24 栋，施工面积 138804 米^2；竣工厂房 11 座、宿舍楼 13 栋，面积 71790 米^2，安装设备 257 台，完成投资 2020. 43 万元。1974 年，532 厂的建设工程基本结束，累计完成投资 8290. 02 万元，投建并竣工厂房 24 座，投建宿舍并竣工 50 栋。

1973 年 7 月，宋德云调至汉中歼击机总装试飞厂（简称总装试飞厂）担任党委副书记。1974 年 2 月，工厂革命委员会成立，宋德云担任革委会主任。在担任总装试飞厂革委会主任期间，指挥了我国自行设计的第一个 72 米大跨度总装厂房的建设项目。为了确保 1975 年底运 8 -02 架机首飞上天，1975 年 10 月，总装试飞厂成立了运 8 总装会战指挥部。运 8 总装会战全线打响，宋德云担任总指挥。他和工厂全体人员一起在研制生产条件不完全具备的条件下，克服重重困难，奋战了 86 个日日夜夜，打赢了大部件对接、电缆敷设安装、通电调试、总检移交等一个个战役，终于在1975 年12 月29 日，将运 8 -02 架机送上了蓝天。

运 8 -02 架机首飞成功后，宋德云带领总装试飞厂在完成零批试制的基础上，扎扎实实地开展了生产技术基础建设和技术总结工作，使得“一批”投产工作落到实处。1975 年至 1978 年间，宋德云主抓了总装试飞厂的基建收尾工作，确保基建基本上满足了当时运 8 试制批生产的需要。

1978 年 12 月，三机部决定将总装试飞厂、部装机加厂和 012 基地设计所合并为汉中运输机制造厂。1979 年 1 月，合厂领导小组成立，宋德云担任副组长，具体负责总装试飞厂的合厂工作。两厂一所合并后，在新组建的领导班子中，宋德云担任副厂长兼总工程师。1980 年 2 月，运 8 飞机设计定型获得国务院、中央军委常规军工产品定型委员会正式批准后，工厂加快了运 8 飞机生产定型的步伐。宋德云在 1980 年 10 月至 1982 年 12 月，任汉中运输机制造厂厂长，期间担任运 8 飞机生产定型领导小组组长，组织和领导了运 8 飞机生产定型前期的大量工作，为运 8 飞机的生产定型做出了巨大贡献。

1982 年 12 月宋德云被聘为顾问。1987 年 9 月离休，2007 年 3 月去世。

王杏春

王杏春（1932.3— ），江苏宜兴人，国营永红机械厂（现贵州永红航空机械有限责任公司，简称中航工业永红）筹建领导小组组长。1954年9月—1957年6月在南京航空学院机加专业读书，大专毕业。1957年6月由国家统一分配在河南省新乡国营平原机器厂工作，先后任工艺员、设计员、主管工艺员、专家办公室技术秘书、设计室组长、新厂准备室组长。1963年5月—1966年4月在新乡国营豫新机械厂（现中航工业新航）设计科任室主任。1966年4月—1968年4月在河南平原机械制造公司（现中航工业新航）二分厂任总工程师。1968年5月调贵州011基地国营永红机械厂，10月任筹建领导小组组长；1969年后历任革命领导小组组长、生产组负责人、革委会副主任、革委会主任兼党委副书记；1978年8月任厂长兼党委书记，1985年任科技委主任。1992年4月退休。

王杏春于1957年6月参加工作，曾在新乡国营平原机器厂、国营豫新机械厂从事工艺员、设计员、主管工艺员、产品设计室主任等技术职务，编制、校对、审核工艺规程，参加飞机附件的自行设计，处理过不少生产现场的技术问题，制定解决问题的技术措施，并参与工厂技术工作手册的编制、参加工厂产品质量整顿及资料复查等工作，积累了大量生产现场技术管理的经验，为两厂的生产、技术工作正常运行做出了贡献。

1963年5月，河南新乡国营豫新机械厂新建时，王杏春与第四规划设计院的同志一起，参与新建国营豫新机械厂的工艺方案初步设计。1966年4月，任河南平原机械制造公司二分厂总工程师，组织试制了某型号飞机液氧装置、座舱加温装置等。

1968年8月，王杏春等同志与第四规划设计院的同志组成工人、技术员、领导干部“三结合”小组，到贵州国营永红机械厂进行建厂的初步设计，9月完成工厂初步设计并报三机部审批。1968年10月，三机部批准了国营永红机械厂初步设计方案，并任命王杏春任国营永红机械厂（简称永红厂）筹建领导小组组长，负责筹建工作。1969年3月，任革命领导小组组长、负责人，组织试制了某两个型号飞机发动机有关配套产品10余项。1972年12月，永红厂革委会成立，王杏春任革委会主任，主管生产技术。由于三机部机载设备局调整产品归口生产，王杏春从红卫机械厂（现中航工业金城）接受了某两个型号飞机高空座舱调温附件转厂试制工作，有部分做了改型，满足了飞机配套需要。另外，还组织某型号飞机散热器的测绘仿制工作，并获得成功，为某型号飞机发动机配套做出了贡献。经过长期努力，永红厂生产的军品，均与多种型号飞机发动机配套。

1978 年 8 月至 1985 年 3 月，王杏春任厂长期间，除紧抓军品研制批生产外，在民品方面组织开发了滤清器产品系列，为石油、化工、化纤、化肥等进口设备的备品备件做出了贡献，为国家节约了大量外汇，及时满足了国内生产需要，每年为工厂创造产值 150 余万元，获得了国家物资总局、化工部的好评。另外，还组织科技人员，研发了工程机械、动力机械散热器等项产品。

1985 年，王杏春在任工厂科技委主任期间，受厂长委托，组织制定了铝制板翅式散热器生产方案的可行性论证工作，工厂领导集体决策后，全面负责铝制板翅式散热器生产线的建设工作。从 1987 年 5 月至 9 月，历时 4 个多月完成了生产线的建设工作，并通过样件试制考核，符合产品设计要求，基本满足客户需要。

王杏春自参加工作以来，长期从事航空工业工作，努力学习，研究业务，勤奋工作，能够解决工厂产品设计、工艺方面和生产过程中的复杂技术问题。在担任工厂领导期间，能够深入实际，密切联系群众，平易近人，团结同志。对工作认真负责，不怕困难，艰苦奋斗。以身作则，带头做好各项工作，坚持民主作风，原则性强，具有较强的组织能力和较高的企业管理水平。为国营永红机械厂的科研、生产经营和贵州三线航空事业建设做出了重要贡献。

王杏春 1992 年 4 月退休。

潘俊岩

潘俊岩（1929.5— ），吉林扶余人，国营燎原机械厂（2007年11月与湖南湘凌机械厂合并为中航飞机起落架有限责任公司，简称中航工业起落架）革委会主任、首任党委书记。1945年2月在吉林长春市私立国民高等学校就读；1947年3月，任吉林扶余县民运工作队员，1947年7月参加革命，并加入中国共产党。1949年9月，任江西婺源县委组织部干事、副部长。1954年6月起在国营第320厂（现中航工业洪都）历任车间党支部书记、团委书记、宣传部副部长、党委办公室主任。1967年6月—1968年9月，负责国营燎原机械厂党委工作；1968年10月任国营燎原机械厂革委会主任、党委副书记；1975年11月任国营燎原机械厂党委书记。1982年3月任汉中012基地副主任兼任汉中运输机制造厂（现中航工业陕飞）党委书记。1983年5月任汉中012基地党委书记；1984年11月任汉中012基地调研员。1989年7月离休。

1967年6月中旬，潘俊岩由国营洪都机械厂派到国营燎原机械厂拟任党委书记。1967年入秋，国营燎原机械厂生活点已初步建成，开始了设计施工。在遭受“文化大革命”冲击后，1968年10月，潘俊岩任工地革委会主任，他带领工地的236名职工，自力更生修理被损坏的汽车。同时建设了正式水源，到1967年秋，又建成了从锻造到热处理小而配套的机加设施。

1970年8月，潘俊岩为国营燎原机械厂核心小组成员，在克服重重困难后，坚持贯彻“边基建、边生产”的“两边”方针。从1970年10月开始试制产品部件，全厂广大职工，始终发扬“争、抢、干”的精神，以“木棒子”和“蚂蚁啃骨头”的毅力试制出首件产品。

1971年年初，工厂正式开始试制运8飞机前起落架，同时，厂区和生活区的各项工程先后破土，3月下旬正式送电，全面施工的序幕揭开。1971年6月末，运8前起落架试制成功，并于7月1日在刚建成主体工程的201起落架机加厂房开始试制主起落架。

潘俊岩工作照

1973 年 9 月，潘俊岩任工厂党委副书记，他带领广大职工组建突击队，全厂职工发扬创建时期的精神，自己动手铺设厂区水泥道路，改变了厂区环境。

1974 年春，在全厂职工的共同努力下，5 个品种的航空电焊条和歼教 5 起落架投入小批量生产，并根据空、海军的急需又接受了老旧机种的备件订货。

1974 年 12 月 25 日，国产第一架运 8 飞机装着工厂制造的起落架首次上天。为配合汉中歼击机总装试飞厂装配的第二、第三架飞机，工厂于 1975 年初召开试制誓师大会，运 8 产品的试制初步展开。1975 年 4 月，工厂开始投入小批生产。

1975 年 12 月，潘俊岩任工厂党委书记，为及时完成国家计划，确保部队的急需，他带领职工打破工厂正常的生产秩序，日夜大干 40 天，在全厂职工的共同努力下，终于按时完成了任务。

在基建生产大干的同时，潘俊岩注重工厂的经营管理，在 1967 年夏，工厂相继组成了财务、人事劳资、食堂、行政总务和房产管理等组。随着各项工作的开展，1973 年 4 月，先后成立了运输科、基建科和橡塑、地面设备千斤顶两车间。

1971 年初，随着建厂、产品试制和各项生产准备工作的逐步开展，潘俊岩首先组织对劳动纪律的管理和生产技术等方面建立起了一些必要的规章，并结合国务院、中央军委等文件精神和工厂实际，先后制定了冷、热加工的工艺技术、产品检验以及人事、房产、物资和财务等管理制度。

在努力开展技术管理的同时，从 1972 年开始建立技术图书馆，购置各类图书资料，并于 1975 年正式建立起《管理制度》。到 1984 年底，馆内已藏有各类中、外文图书，杂志，期刊等近 1 万 3 千册份，为职工学习技术和工厂的技术开发，提供了较好的条件，并建立了多项有关热加工的生产说明书等冶金技术文件和管理制度。

为加强标准化工作和军民品的质量控制，先后制定下发了多项质量管理条例，使得工厂的全面质量管理逐步走上正规。

为确保职工的基本生活保障，潘俊岩在调到工地后，首先建起的是生活点，并始终把后勤福利工作列为重要议程。在建厂工程基本结束，大批职工进厂后，及时组织各项生活设施的配套成龙，使职工有一个较好的生活环境。随着工厂效益的不断提高，为解决职工的物质和精神生活的需要及子女的就学、就业等，不断完善各项设施，改进服务质量，激发广大职工当家做主的责任感，为职工建立一个稳定的保障后方，起了一定的推动作用。

潘俊岩带领国营燎原机械厂干部职工，通过艰苦的建厂和贯彻“边基建、边生产”的“两边”方针，使广大职工养成了一种不怕困难、连续作战的良好作风。又经过整顿验收、企业整顿和不断组织各类培训，加强思想政治工作，使职工队伍的素质不断提高，努力向建成一支有理想、有道德、有文化、有纪律的职工队伍阔步前进。

1982 年 3 月，潘俊岩调至汉中 012 基地任副主任兼任汉中运输机制造厂党委书记；1983 年 5 月，任汉中 012 基地党委书记；1984 年 11 月任 012 基地调研员。1989 年 7 月离休。

董宝堂

董宝堂（1931.2— ），河北丰南人，汉中国营长空机械厂（现长空精密机械制造公司，简称中航工业长空齿轮）创建人。1972年11月加入共产党。1954年9月天津大学大专毕业参加工作。1963年起任国营新兰仪表厂（现中航工业兰飞）齿轮研究室副主任。1966年4月任三机部101厂车间主任。1969年5月任国营长空机械厂革命领导小组副组长（组长暂缺）。1973年起历任技术科科长、副总工程师、总工程师，1983年任厂长。1991年8月退休。

1965年4月，第三机械工业部根据党中央关于加强三线建设的战备决策，制订“三五”期间的发展规划，将国家引进的一套高精度小齿轮加工设备放在汉中，准备建设一个专业化小模数齿轮厂，为汉中和雅安的航空仪表厂服务。1969年4月15日，三机部决定将101厂小齿轮车间独立建厂，厂名为国营长空机械厂。工厂厂址选定在距汉中23千米处南郑县牟家坝乡旁的水井沟内。建厂初期总建筑面积25020米^2，其中生产面积7827米^2，共占地约80余亩①，职工总数595人。有中层以上干部36人，管理干部77人，工程技术人员69人，工人323人。有各类机械动力设备294台，固定资产原值1211万元。

1969年5月19日，汉中地区革委会批准国营长空机械厂由董宝堂等人组成厂革命领导小组，并由董宝堂任副组长（组长暂缺）。领导小组立即开始了筹备工作。1969年底，经三机部勘测公司派人到定点现场勘测，由三机部第四设计院设计，1970年2月在厂军管组及厂革命领导小组的领导下，工厂正式破土动工。

当时，012办事处和军管会要求的建厂期限短，厂址是荒山，无一平地，土石方工程量很大，因而筹建任务十分紧张繁重。董宝堂带领厂筹建领导小组，从选定厂址、征购土地、材料准备、图样设计，到施工队伍的组建、施工，克服重重困难，最终于

① 1亩=666.6米^2。

1970 年 5 月底厂基建主体工程建设完工，1971 年底福利区基建主体工程建设完工，1972 年 10 月工厂正式竣工投产。

1973 年 10 月，工厂成立了技术科，董宝堂为技术科科长，负责技术科的全面工作。1974 年，工厂为扭转亏损局面，党委决定进一步开展市场调查，找任务，发展民品，董宝堂协助厂长抓工厂的工作，实际行使副总的职责，在他的协助下最终甩掉了亏损的帽子，为工厂的发展奠定了基础。

1978 年，全国性的“工业学大庆”验收和航空工业开展的“整质”检查，促进了工厂形势的发展。军品 ×× 型火箭壳体转入批生产，1976 年 5 月研制的四轴、六轴液压半自动专业机床试制成功。董宝堂代表工厂向 012 基地正在召开的“群英大会”报捷。1978 年 8 月董宝堂任副厂长兼总工程师，负责产品试制工作。

1983 年 3 月，航空工业部及中共陕西省委正式任命董宝堂为厂长。上任后，董宝堂狠抓质量教育，召开职工大会，排查质量隐患，对职工进行质量第一的思想教育。1984 年是通过企业整顿，调整厂级领导班子后的第一年，工厂生产经济形势发展得更快更好，工厂的经济收益列 012 基地的前三名。

董宝堂于 1991 年 8 月退休。

张守业

张守业（1922.10—2004.9），山东博兴人，北京国营长空机械厂（现北京长空机械有限责任公司，简称中航工业长空机械）首任党委书记、革委会主任。参加革命工作后曾任班长、排长、指导员、教导员、保卫干事。1955年7月—1969年8月，任空军高炮522团、33团政治处主任、副政委、政委。1969年9月—1978年5月，任北京国营长空机械厂党委书记、革委会主任。1978年5月离休，2004年9月去世。

1969年9月，根据上级指示，已经创办了17年的北京航空工业学校改为生产航空燃油附件的工厂，厂名为国营长空机械厂，张守业被任命为革委会主任、党委书记。在部队已是很有经验的指挥员张守业，年近50又接受了校改厂这样一项陌生的新任务，这副担子的份量是可想而知的。他依靠对党的一片忠心、勤奋而刻苦的奋斗精神和诚恳谦虚的工作态度，与全体军管人员一起，团结全厂广大干部职工，硬是出色地完成了这项任务。

改厂初期，“文化大革命”还没有结束，极左思潮还相当严重，知识分子政策也未得到落实，许多同志还心存疑虑。在这种情况下，以张守业为首的绝大多数军管人员，都自觉地坚持了党的正确路线和指导思想，真正做到了相信群众依靠群众，支持和鼓励地方干部把主要精力放在抓革命促生产上，军管会的明确态度，解除了大家的后顾之忧，广大干部职工团结一致，一心扑在生产技术和各项工作上，改建厂工作很快就轰轰烈烈地开展起来了。在整个改建厂的过程中，全厂职工大力发扬自力更生、艰苦奋斗的光荣传统，不等不靠，因陋就简，自己动手，创造条件，把教室和食堂改造成车间，自制车、铣、钻、镗及各种专用机床和试验设备400多台套，在上级领导的关怀下，在庆安公司等兄弟单位热情支援和帮助下，只用83天就试制成功了第一个产品——495A输油泵，并立即投入批量生产。23个月拿下了工厂的主打产品701主燃油泵和702加力泵，成为航空燃油附件的重要生产厂之一，年年全面完成生产计划，保

张守业工作照

证了主机厂配套的需要。工厂在生产过程中始终把质量摆在首位，提供的产品从未出现过等级事故，得到了主机厂和军代表的肯定，受到了上级的表扬。在航空系统15个校改厂当中，国营长空机械厂是花钱比较少的、走得比较快的、也是改得比较好的单位之一。1976年，在航空工业企事业领导干部大会上，国营长空机械厂受到了表彰，并介绍了经验。

在整个改建厂过程中，张守业作为领导班子的带头人，正确把握党的大政方针，始终把"抓革命、促生产"放在工作的中心地位加以落实。同时积极组织落实党的干部政策，加强各级领导班子建设，为企业长远发展奠定了组织基础。军管会进厂时，许多干部，尤其是领导干部，还正在接受审查，都在生产一线劳动改造和锻炼。张守业进厂不久，便立即组织强有力的班子，立即抓紧了落实干部政策工作，抓住重点，先易后难，逐个研究、逐个解放并很快安排了他们的工作，80%以上的干部都陆续上了岗。与此同时，又提拔了两名年轻干部进入了厂级领导班子，实现了老中青三结合。也就是这个班底，在军管会撤离后，经受了各方面的考验，不断地把国营长空机械厂的工作推向新的高潮。

张守业在整个改建厂过程中，始终注意加强军民团结，创造和谐氛围，让各项工作的开展有一个良好的环境。在军工企业实行军管期间，国营长空机械厂的军民关系是最好的单位之一。这主要是由于以张守业为首的军管会，尊重地方干部，尊重知识，尊重人才，有事主动同地方干部商量，支持地方干部大胆地开展工作。张守业为人诚恳，谦虚谨慎，以身作则，带出了军管人员的好作风。在厂和车间两级班子中，军民关系都一直很和谐。军管会在工作当中，还特别注意保护干部职工的积极性、主动性和创造精神。1974 年，九车间应北京石油公司的要求，自主开发了机械计数式加油机，使工厂成为国内第二个能生产加油设备的厂家。当时，军工企业生产民用产品还是个新鲜事，不仅上级没有提倡，更有的说这是不务正业，担心会影响军工任务的完成。但是，军管会却有力地保护了这一成果，肯定了九车间的成绩，并让他们在全厂庆祝国庆的大会上献了礼。那时，虽然产量还不大，每年只有专供北京石油公司的 50 ~ 100 台，但却为之后的“军转民”做了重要储备。1980 年后，工厂军品任务逐年减少，中央也号召军工企业实行“军民结合”，工厂首先抓紧扩大加油机的生产规模，产量连年翻番，成为国内最大的加油机生产厂，不仅使企业渡过了难关，而且登上了新的高度。这得益于张守业在厂时的决策。

1976 年，我国进入社会主义现代化建设新时期，这时，军管人员已陆续撤离，张守业被留下来继续主持全面工作，直至 1978 年 5 月离休。2004 年 9 月去世。

力　群

力群（1917.2—2011.3），江苏泰州人，上海市无线电技术研究所（现中国航空无线电电子研究所，简称中航工业上电所）首任所长。1937年9月在延安参加革命，1938年6月在瓦窑堡加入中国共产党。为延安抗日军政大学第三、第四期学员，后任延安军委总政印刷厂管理科科长，军委军事工业局科员，八路军总部军工部生产管理科科长，曾被八路军总部军工部评为先进，荣立二等功。1949年10月起，先后任华北兵工局（太原）秘书，中央兵工办公室（北京）秘书组组长、党支部书记，中央兵工总局综合统计室主任、党支部书记，二机部六局计划处副处长。1955年到中央高级党校学习，结业后先后任二机部六局计划处副处长、处长，广州一机部电器科学研究所办公室主任、党支部书记、副处长。1960年被派往上海，参加组织筹建上海市仪表电讯工业局，并先后任上海市仪表电讯工业局生产计划处副处长、处长。1963年1月任上海无线电技术研究所（现中航工业上电所）所长、革委会副主任，1978年6月任研究所顾问。1983年4月离休，2011年3月去世。

上海市无线电技术研究所创建于1957年6月，是上海地区最早从事无线电电子技术应用研究的综合性科研机构之一。1963年1月，力群任上海市无线电技术研究所所长，任职期间他坚决贯彻中央“科研十四条”要求，带领广大干部职工，发扬自力更生、艰苦奋斗精神，团结和依靠广大干部职工，努力改善试验条件，开展了以科研为中心的各项管理整顿，促进、提高了干部职工的进取精神和工作积极性，取得了许多国内领先的科研成果，诸如研制出我国第一台袖珍式晶体管收音机、24阶电子模拟计算机、电声测试仪等整机设备以及薄膜电路、陶瓷滤波器、微模组件等超小型无线电元件，同时还摸索出具有独特工艺的玻璃釉电容器（曾获1964年全国新产品成果三等奖）和印制电路板工艺。上述产品为上海市电子工业产品向晶体化、小型化发展起了促进作用，为我国无线电产业的发展做出了贡献，是上海仪表行业具有影响力的研究所。

1966年6月，“文化大革命”开始，上海市无线电技术研究所也受到了严重影响，全所科研工作曾一度陷于停顿，1967 年 1 月，所党政领导干部统统靠边，此后成立了所革委会，力群任革委会副主任。

力群抗大时期留影

1969 年 7 月，根据国务院指示，研究所正式划归国防科委航空研究院领导。按照国防科委《关于中央各部、局，各省市、自治区所属有关工厂移交国防科委各研究院领导的交接实施办法》的通知，成立了由力群为组长的 4 名委员组成的交接领导小组。根据上级要求，研究所的专业方向也做了相应改变，划归国防科委航空研究院之前，研究所主要以民用无线电电子产品及有关技术的研制为主，划归航空研究院以后，科研方向调整为以航空机载电子设备、航空无线电总体及电子综合化系统的研制为主攻方向，以高精度多普勒导航系统、高可靠机载计算机的研制和电磁兼容性研究为主要产品，它是当时研究所科研方向的一次重大转折。力群根据新的形势和新的任务，调整组织结构，集中技术力量，开展资料收集，制订研究方案，加强科研管理，重视产品质量。同时加强对重点预研课题的投入，经过一段时间的努力，突破了很多关键技术，取得了一批阶段性的成果。

为贯彻军民结合方针，力群通过调研，主张以研究所的技术优势和产品特点，以市场需求为引导，积极开发民用产品，并着手从 4 个方面开展军需民品的生产。一是要把已取得的的科技成果、设计定型的产品，积极推广；二是要充分利用现有技术基础，积极承担和开发空军和民航系统需要的航空电子产品；三是利用掌握的技术，研制市场需要的电子产品；四是发挥现有的试验和加工能力，积极承担兄弟单位需要的技术服务和协作任务。如：运 10 旅客机研制、201 多普勒导航雷达、627 导航计算机、轰 6 飞机第二代领航计算机、144 领航轰炸计算机、601H 领航轰炸计算机的研制和提供使用，为推进研究所航空电子产品的发展起了重要的作用。当时的研究所处于被上级机关和职工群众誉为“成果累累、人才辈出、有所作为”的黄金时期。

随着改革开放的逐步深入，力群站在事业发展的高度，发挥领导班子团队作用，带领广大干部职工，努力拼搏，1979 年被批准为首批具有进出口自主权的对外开放研究所，为研究所的发展创造了条件。

力群于 1983 年 4 月离休，2011 年 3 月去世。

张社一

张社一（1921. 10— ），山西河津人，中国直升机设计研究所（简称中航工业直升机所）政委。1940 年加入中国共产党，积极开展敌后抗日根据地工作。1946 年 1 月，任中共晋绥地委人民游击二中队指导员。1946 年 6 月，任汾南人民游击第一支队作战参谋。1947 年 8 月任吕梁 10 分区 58 团 3 营政治教导员，参加过解放临汾、晋中、太原，解放大西北，青海平乱等战役，负伤三次。全国解放后，张社一历任中国人民解放军第一军第三师九团三营政治指导员、团政治处副主任；航空兵独立第五团政委兼党委书记。1969 年 12 月任直升机设计研究所政委、党的核心小组组长、革委会第二主任。1971 年 7 月任航空兵第 29 师副政委，空军第四航校副政委等职。1979 年离休。

航空研究院于 1969 年 12 月 15 日发出通知，建立直升机设计研究所（简称直升机所），时年 48 岁的张社一担任政委、第二主任、党的核心小组组长职务，领导直升机所职工一方面展开研究所的基建工作，另一方面组织人员负责承担直 6、直 7 机等研制任务，为直升机所的创建做出了重要贡献。

直升机所基本建设是在接收华东分院的 17000 米^2 房屋和占地的基础上进行的。在景德镇市革委会的领导下，成立了工程指挥部。张社一到任后，根据工程建设的需要，立即从所内抽调近百人参加指挥部工作，编制材料、设备计划，征用土地，联系施工队伍等，一直持续到 1971 年底。工程建设采取集中力量打歼灭战的方法，建设速度比较快。基建初期，百废待举，无论是工作条件还是生活条件都非常艰苦。在党的核心小组领导下，广大职工克服了买粮、买菜、买煤等生活困难，努力做好建所工作。尤其是负责基建物资采购和转运的同志，早出晚归，四处奔波，雨天一身水、晴天一身汗，搞工程管理的同志无论是严寒还是酷暑，都坚持在施工现场，边工作边劳动，十分辛苦。

张社一和所领导班子在抓基建的同时，同步进行科研、生产设备的建设。直升机所需要的非标准设备，是从事直升机研制特有的，没有现成设备可以订购，张社一抽调有关专业技术人员从事非标准设备的设计工作，到 1970 年 4 月，完成了联合试车台，自动倾斜器疲劳试验台，主、尾桨毂支臂疲劳试验台，燃油系统模拟试验台，电网络试验台，天线转台等方案论证、图样设计、技术复查的重要试验设备，为科研工作的开展创造了条件。

建所初期，由于没有电子计算机，研制中繁杂的重要计算都要到北京、上海、武汉等大中城市去借助电子计算机完成。张社一组织专业人员经过充分讨论，采取一方面购买国产 DJS－121 计算机，完成部分计算任务、培训科技人员；另一方面申请购买大型电子计算机，为直升机所长远发展打下了基础。

1971 年初，直升机所厂房还未建成，为应科研急需，张社一组织车间同志，利用原有仓库安装了 8 台金属切削机床，并于一季度开始投产。同年 7 月，机加厂房土建工作完成时，许多设备已到货，为了尽快形成生产能力，适应试验设备建设的需要，张社一和所领导班子组织职工发扬“自力更生、艰苦奋斗”的精神，自己动手安装机床。在缺少起重工具的条件下，不怕炎热的高温，冒着烈日的烤晒，因陋就简，土法上马，仅用了 5 个月时间，就运进厂房设备 63 台，其中安装试车可投产的有 40 台。

直升机所在建设初期，就承担了直 6 机首飞成功以后的设计研究任务。张社一和班子成员组织力量参加两高地区试飞，02、03 架机改装、改进设计和试制跟产，为直 6 机设计定型做了一系列试验研究工作。直 7 机的研制任务是 1970 年 3 月才确定，直升机所组织人员赴外地进行现场设计，经过 1 年多的努力，完成了方案论证、图样设计，并试制出部分零部件，进行了一些最主要的原理性试验。试验结果表明，直 7 机方案和设计是基本成功的。

建所初期，由于所内不具备科研生产条件，科研工作大都在外地完成，张社一组织科技人员克服了长期出差在外的重重困难，夜以继日地设计、计算，并深入现场跟产试制、试验、试飞，保证了科研任务的完成。

直升机所建设初期，面临着人员新、任务重、生活艰苦的局面，怎样建立一支团结战斗的职工队伍，保证建所和科研任务的完成？张社一和领导班子完善基层组织机构，成立相应的基层党支部，配备专职政工干部，加强思想政治工作，增强职工队伍的团结和凝聚力。同时，为适应直升机事业发展的需要，在型号研制的同时，开展了业务学习和技术培训工作。1971 年以前，科技人员分布在全国 7 个点执行繁重的型号研制任务，无暇进行系统的学习，就要求科技人员结合设计工作学习业务，用什么学什么；进厂的新工人分别送到航空工业相关的厂所进行培训，使科技人员和生产工人的业务水平得到了较大的提高。

为了保证型号研制和基本建设工作不断发展的需要，张社一和领导班子认识到，后勤保障工作必须先行。逐步办起了职工食堂、军人服务社、卫生所、幼儿园和学校；成立了汽车队和物资组，并对各部门人员进行了调整充实，保证直升机所科研生产和生活稳步进行。

张社一于 1971 年 7 月调航空兵第 29 师任副政委，空军第四航校副政委等职。1979 年离休。

何　力

何力（1918.6—2005.1），江西丰城人，国营东方仪器厂（简称中航工业东方）第一任厂长、党委书记。1941年，在陕南大巴山区参加了抗战游击队，同国民党反动派进行了艰苦卓绝的斗争，期间加入中国共产党。1950年—1958年，在全国机械工业二级工会担任主要领导人之一。1958年，调国营青云仪器厂（简称中航工业青云）任工会主席、政治处主任。1969年12月，前往汉中参加国营东方仪器厂的筹建及基本建设。1970年1月—1973年9月，任国营东方仪器厂党支部书记、厂长；1973年9月—1976年2月，任国营东方仪器厂党委书记、厂长。1976年2月调到北京中国科学院研究所工作。1983年12月离休，2005年1月去世。

1958年，何力调入国营青云仪器厂工作，当时国营青云仪器厂刚开始筹建，他积极参与了筹建策划、基本建设等诸多事项。工厂正式生产后，他先后担任厂工会主席、政治处主任等职务。

1969年12月，根据国家三线建设的部署，国营青云仪器厂负责包建国营东方仪器厂（简称东方厂）。鉴于何力对汉中的了解，组织上决定，让何力牵头带领130多名优秀职工参加东方厂的创建工作。

东方厂确定在陕西汉中地区郭滩乡建厂，厂区处于两山夹一谷之中，杂草丛生，野狼出没，厂址的环境异常恶劣，生活条件更是艰苦，住席棚，睡草铺，点煤油灯。职工们一到筹建地首先建立了党支部，何力任党支部书记，同时还建立了团支部。在何力的领导下，工厂成立了三组七连一队的组织机构。1970年3月至6月，全厂近400名职工在空军某部队一个机械化排的支援下，铺设上水管道约5千米，架通厂内供电线路，为基建奠定了基础。

1970年6月，工厂拉开了大规模基建的战幕。由工厂职工近400人、国家建委5局4公司专业施工队近300人，空军某部土建施工连80多人，当地民工700多人组成1500多人的施工队伍，经过2年零3个月的苦战，于1972年9月基本完成工厂生产区及生活区第一期工程建筑。

1973年9月初，工厂举行了首届党代会。大会选举何力等13名同志组成中国共产党东方厂第一届委员会，何力当选为党委书记并兼任厂长。

在工厂党委领导下，何力带领大家，以毛泽东主席“三线建设要抓紧”的重要指

何力工作照

示为指针，学习大庆王进喜的铁人精神，“有条件上，没有条件创造条件也要上”，开山炸石，修通道路，自己建砖窑，到汉江抢运沙石，到阳平关火车站抢运水泥钢材，自力更生生产水泥构件板等，除此之外还自行架设了厂外35千伏高压输电线路约15千米，为工厂生产和职工生活提供了重要保障。

何力在工厂筹建和正式投入生产过程中，始终不忘狠抓政治思想和宣传文化方面的建设，职工文化生活十分丰富，文艺队、电影队、广播站更是发挥了党的喉舌的作用，为凝聚人心、稳定情绪、鼓舞干劲起到了极大的促进作用。

在艰苦的创业时期，生活条件异常艰苦，特别是副食供应方面，每人每月仅供应半斤咸肉、四两油和少量海带、黄豆之类（解决人们出现的缺碘、浮肿而配置）。何力患有严重的胃病，但他处处以身作则，婉言谢绝同志们对他的照顾，同职工群众干在一起，吃在一起。

为解决职工生活的实际困难，改善伙食条件，增强职工身体素质，在何力领导下，工厂成立了农副业队，按独立连队编制，下设农、副业两个班。副业班主要是养猪、养鸡鸭、磨豆腐。办农副业队的目的主要是为了改善职工的生活和干部参加劳动锻炼，以后进厂的新职工也要先到农副业队进行3个月的劳动锻炼，并形成制度。农副业队的成立，在改善职工生活、发展工厂生产和基本建设上，做出了一定贡献，特别是解决职工家属就业上，更是起到了积极的稳定作用。

1976年，何力因身体健康情况，离开东方厂前往北京治病疗养，病愈后，调到北京中国科学院研究所工作。1983年12月离休，2005年1月去世。

周交臣

周交臣（1911.8—1977.7），广东普宁人，中国人民解放军第607研究所（1999年更名为中国雷华电子技术研究所，2004年3月与国营长风机械总厂整合为中国航空工业第一集团公司中航雷达与电子设备研究院，现为中航工业雷达与电子设备研究院，简称中航工业雷电院）创建人。周交臣于1930年去泰国佛统埠乡，1937年“七七事变”后在泰国参加了华侨各界抗日救国联合会，1937年年底回国，1938年3月参加广州市第四路军战车队，同年9月由广州市八路军办事处介绍到陕北，11月加入中国共产党。抗日战争时期，历任八路军某部排长、副连长、行政管理员。解放战争时期，历任人民解放军某部教导员、副科长、副政委。全国解放后，1950年任广西省航空站站长，1952年任中南军区空军工程部器材处副处长、处长，1960年任广州军区中心修理厂厂长，昆明军区空军指挥所后勤部部长，国防部航空研究院临时党委常委、器材部副部长。1965年3月，周交臣转到地方工作后任三机部沈阳供应办事处主任。1970年3月任中国人民解放军第607研究所负责人，负责全面工作，任党委副书记、内江地委委员。1977年7月去世。

1970年3月16日，航空工业领导小组批准了航空研究院关于第607研究所设计任务书，明确了研究所主要研究任务：“研究、设计、试制、装备各类新型飞机和空空导弹、航空兵器系统的各种雷达（包括探测、跟踪、截击、轰炸、制导雷达等），以及为达到世界先进水平而进行雷达理论研究和探索工作”。年近60岁的周交臣，服从组织安排，毅然奔赴三线，承担起中国人民解放军第607研究所的筹建工作。同年4月，经空军党委批复，航空研究院批准周交臣为研究所全面工作负责人，同年6月任研究所党委副书记。

在研究所筹建初期，人员来自不同单位，当时又处于“文化大革命”期间，社会上的各种不利因素直接冲击着研究所的筹建工作，周交臣团结带领班子成员，把主要工作精力放在筹建工作上，如人员的接收、行政和科研组织机构的设立、科研大楼和生产车间的新建以及各种生活设施的建设等，克服了许多难以言表的困难和挫折，常常是白天开会、晚上还要继续加班加点地工作，为研究所的筹建付出了心血和汗水。

与此同时，周交臣时刻关注研究所的发展目标，就是要早日拿出我们自己的机载雷达产品。于是，尽管每天有大量的筹建事务工作要做，他都始终坚持边建设边进行科研的方针，团结带领各级干部和广大科技人员、工人，发扬艰苦奋斗、自力更生精神，将来自3个地方的技术人员和型号课题，重新分配组建成专门的科研型号队伍，在机载雷达的科研领域里，借鉴国外先进技术，大胆创新、不断探索我国机载雷达科研技术高峰。承担的317、317甲、204、698雷达和连续波照射器发射机，先后完成了正式样机的研制，经长期的试验或试飞均获得成功。

此外，还开展了205截击雷达、PD雷达和相控阵雷达技术的预先研究工作，并取得了一批科研成果。

从1970年筹建到1977年的8年时间里，研究所在周交臣的领导下，筹建和发展工作取得了巨大的进展。他亲自主持制订的研究所10年发展规划（1975年到1985年），为研究所的发展奠定了坚实的基础。到1975年底，全所职工总人数为713人，其中工程技术人员330人，技术工人193人，机关行政人员190人。全所设7个研究室。全所占地总面积为109460米^2，其中科研生产占地为69499米^2。全所房屋建筑总面积40284米^2，其中科研生产为16293米^2，生活福利为19018米^2，生活辅助用房等为4973米^2。在科研型号和课题研究领域，逐步建立了航空机载雷达研制的专业处、室和机载雷达生产车间，形成了专业分类清晰的国内唯一机载雷达专业研究所。

周交臣在研究所工作期间，始终坚持坚定正确的政治方向，拥护党的方针政策，坚决执行上级党组织和军管会的决定和指示，团结班子成员、顾全大局，工作上勤勤恳恳、任劳任怨，生活上勤俭节约、艰苦奋斗。他不顾年迈多病，始终坚持工作在艰苦的三线地区，时刻关注着祖国的机载雷达事业，即使是在他病重期间，仍然关心着研究所的各项科研生产和建设工作。直到他辞世的前一天，仍然抱病参加了“七一”党员大会，并做了大会发言。表现出一个共产党员的高贵品质和人格魅力。

1977年7月2日，周交臣因心肌梗塞医治无效在四川去世，时年66岁。

杨亚东

杨亚东（1928. 2—1993. 12），北京人，石家庄市农业机械厂，后更名为石家庄红星机械厂（现石家庄飞机工业有限责任公司，简称中航工业石飞）第一任党委书记。1948年5月任冀东军区政治部、组织部干事；1950年1月任河北省人民政府民政厅科员；1952年6月—1959年5月，在石家庄国棉六厂先后担任科长、主任、党委副书记；1959年5月—1970年，任石家庄市委副秘书长。1970年5月任石家庄红星机械厂第一任党委书记。1979年1月后历任石家庄市建委副主任、市革委秘书长、市政府秘书长、石家庄市政协副主席、政协党组副书记、市委统战部部长。1993年12月去世。

1969年12月，在第三机械工业部企业领导干部会议上，北京空军领导根据“民办航空、发展‘两机’”的方针，提出了在华北地区动员生产运5飞机的意见。会后三机部、北京军区和河北省石家庄市等有关部门巡回调查研究，选定石家庄市农业机械厂为运5飞机总装厂。1970年5月5日，国务院副总理李先念在航空工业领导小组《关于动员华北地区民用工业生产运5飞机的报告》上批示“为多搞点飞机，拟可同意。”自此，石家庄市农业机械厂定为生产运5飞机的总装厂。5月5日，定为工厂建厂日。1972年与农机厂分开，工厂定名为石家庄市红星机械厂，隶属石家庄市机械局领导。1978年10月转归河北省国防工办领导，1980年划归三机部，直属部领导。

建厂之初，石家庄市农机厂厂房较大，是装配运5飞机的有利条件，但工厂的规模、职工的素质、技术能力和设备设施等条件，远不能适应生产运5飞机的特殊需要。为了尽快地生产出运5飞机，河北省、石家庄市抽调了一批干部组成了“运5飞机生产指挥部”，杨亚东任党委书记兼副指挥。指挥部动员了省内90多个协作点，以会战的形式，“一厂一角”、“百厂协作”，组成了运5飞机生产线。石家庄地区承担机身、机尾翼、起落架和总装；邯郸地区承担部分标准件；邢台地区承担部分地面设备。“运5飞机生产指挥部”通过石家庄市组织和劳动部门，抽调了一批干部，健全了厂各级领导班子。从市区各工厂寻找了一些干过航空工业的工人，充实了工厂的技术力量，招收了一大批城市知识青年和城乡复员军人。

1970 年 5 至 6 月间，生产运 5 飞机的老厂——国营洪都机械厂，由 15 名技术骨干组成的工作队来到石家庄，进入到运 5 飞机生产的关键岗位。运 5 飞机的设计图样、工艺资料、技术文件、专用工具、部分工装以及样机陆续由南昌运到石家庄。

1970 年 7 月 23 日，运 5 飞机在石家庄投入了试生产。当天，工厂召开了铆接、组装第一架飞机的动员大会，工厂提出了“革命加拼命，拼命再拼命，关键时刻不要命。大战八月关，定把飞机送上天”的口号。动员会后，杨亚东等领导和工程技术人员及职工群众齐上阵，工人们身不离厂房，手不离铆枪，经过 88 个日日夜夜，终于完成飞机总装任务。9 月 26 日，第一架飞机飞上了祖国的蓝天。

1973 年 3 月，三机部航空研究院实地勘察设计，拟定了工厂部装区与总装区分开基建的总体布局方案。为使这项工程顺利进展，在省运 5 工程建设组的领导下，杨亚东组织由百余人组成的基建办公室，夜以继日地进行紧张的工作。整个工程从 1973 年 10 月破土动工，到 1978 年全部竣工。

1973 年至 1976 年，工厂处于艰难的发展时期。由于物资缺口大、各类人员新，很难适应航空工业生产的要求和基本建设的需要。但是，杨亚东和全体职工没有被困难吓倒，他一方面组织力量辗转奔波于全国各地采购物资保证供应，一方面通过小批量生产搞好工艺定型，顺利通过转场鉴定。

1977 年 4 月，在洪都机械厂进行了首批 01 架机身静力试验，7 个加载项目全部达到设计技术要求。三点着陆破坏性试验达到 100%。其结论是：运 5 飞机机身、发动机架有足够的强度，工艺质量良好，完全符合设计要求。

杨亚东（前排左一）工作照

作为党委书记，杨亚东带领广大干部职工在大力抓好运5飞机试制和工厂基本建设工作的同时，还多次举办技术培训班，培养了大批青年技术骨干，保证了各项任务的完成。杨亚东身先士卒，经常深入生产第一线与广大工人奋战在一起，积极做好党建和思想政治工作，激发广大职工群众的生产劳动热情。

1973年4月，工厂召开了第一次党员代表大会，总结了建厂以来的各项工作，选举产生了首届委员会，杨亚东当选党委书记。会上提出了党委今后工作的思想任务，做出了加强学习和认真改进领导作风的决议。会议的召开进一步调动了广大党员完成各项任务的积极性，增强了各级领导深入群众、深入实际解决问题的责任感；推动了党的基层组织的思想建设和组织建设；激发了广大职工群众以大庆精神完成各项任务的热情。

杨亚东作为工厂的创始人，带领干部职工在艰苦创业的岁月里，完成了石家庄红星机械厂的组建工作，实现了厂区的布局建设和飞机的生产交付目标，为中航工业石飞的发展奠定了良好的基础。

1979年1月，杨亚东调回石家庄市工作。1993年12月去世。

马振功

马振功（1925.1—1995.9），山东沂水人，国营乐河机械厂（现常州兰翔机械有限责任公司，简称中航工业兰翔）主要创建人之一。1946年10月任东北军区军工佳木斯修械所工人；1949年2月任哈尔滨东北军工21厂股长、车间副主任；1951年调第121厂（后为国营第120厂，现中航工业东安）工作，历任车间主任、副总工程师、生产副厂长、革委会副主任；1969年调江西省乐平县开展国营乐河机械厂筹建工作，历任革委会副主任、党委副书记；1977年5月—1984年7月，调保定国营惠阳机械厂（现中航工业惠阳）工作，历任总工程师、厂长、党委书记。1984年7月离休，1995年9月去世。

1969年，国家决定在江西景德镇和乐平地区建设一套直升机工厂。1969年11月，第三机械工业部决定发动机厂由国营东安机械厂（现中航工业东安）和南昌航校筹建，同时暂定由东安机械厂革委会副主任马振功和南昌航校张秀峰负责筹建发动机厂。会后，东安机械厂立即组成了以马振功为领导的23人工艺调研班子，在第三机械工业部第四设计院、勘测公司等单位的协同下，在江西省乐平县展开了实地勘察，对工厂的布局、规模、基建、搬迁和生产等问题专门进行了研究并制订方案。同年12月，三机部和江西省革委会确定工厂的名称为国营乐河机械厂；福州军区空军委派工程部副部长张宪志等52名军宣队陆续进驻工厂。

1970年1月，经上饶专区革委会常委会议研究决定，成立乐河机械厂建厂指挥部，提出在建厂工作中，要响应“四边三当年”的口号（即：边设计、边基建、边生产、边搬迁；当年设计、当年基建、当年投产），来推动各项工作。马振功负责厂房设计、基础建设及职工家属搬迁等前期工作。根据上级的安排，到3月底，土建工程建筑施工全面展开。

1970年3月，东安机械厂和南昌航校分迁的职工、家属和退伍军人陆续进厂。马振功作为负责人，一边忙于厂房建设，一边忙于职工的搬迁。当时，由于家属楼没有建立起来，住房特别紧张，马振功根据实际情况，召开专题会议，决定采取分流的方式进行安置。职工被分流安排居住在竹棚、农家里，独身职工暂住在临时厂房内，

马振功生活照

共安排了 3395 人。

同月，江西省革委会召开了工厂建设基建会议，提出了“七一”完成生产厂房建设，“八一”出发动机，“十一”完成全部生活区建设，1971 年 1 月 1 日进行小批生产的要求。马振功立即进入抢进度的工作中，带领建设队伍，边设计边施工。

1970 年 4 月，大批生产工人和其他工作人员陆续到厂，并迅速组成生产连队，立即着手安装了 279 台机械设备。随后马振功主持召开了全厂开工生产动员大会。会后，各生产连队先后开工生产某型号发动机零部件。至此，初步实现了“边设计、边基建、边生产、边搬迁”的目标。

1970 年 6 月，根据“三结合”的原则，工厂组成了筹建领导班子，张宪志（军方）任组长，马振功任领导干部第一代表。军方代表主要做思想和监督工作，工厂领导主抓基础建设和生产工作。

1970 年 7 月，在军方代表的监督管理和工厂领导的带领下，工厂始终响应“四边”口号，主体厂房建设全部完成，为工厂的全线投产提供了硬件保障。1970 年底，生活区的全部建筑也基本完成。至此，国营乐河机械厂基本建成，进入全面有序的开工生产阶段。

1970 年 8 月，经过百天大会战，某型号的 001#发动机由乐河机械厂自制的 70% 零组件和东安机械厂制造的 30% 主要零组件完成总装。1971 年 12 月，完成了 002#、003# 发动机的总装，马振功负责各项生产任务的协调工作。他与职工一起，夜以继日奋战在生产一线，经过反复摸索，排除了多处故障。到 1972 年底，累计完成了试车 380 多个小时，很好地锻炼了技术队伍。

1974 年 12 月，三机部航空研究院在乐河机械厂主持召开新型号发动机的研制座谈会。会议决定由马振功担任新型号发动机研制小组组长，开展新型号的各项研制工作。马振功带领由工程技术人员、工人参加的研制队伍，根据三机部下达的新型号发动机研制设计任务，进入全面攻坚阶段。经过 1 年零 2 个月的紧张工作，新型号设计任务顺利完成，进入了开工投产阶段。1976 年 12 月，工厂进入首批零部件试制阶段。马振功从科研设计到投料生产，采取“把各种发动机部件包干到底，从试制到装配试车负责到底”的办法，推进发动机的研制和生产。到 1977 年 3 月，首批零部件全部完成试制，并且符合设计要求。4 月，工厂进行了首台发动机的装配，并于当月完成。至此新型号的首台样机试制成功，经试车性能达到设计的要求。

1977 年 5 月，马振功调到保定国营惠阳机械厂工作。1984 年 7 月离休，1995 年 9 月去世。

李　征

李征（1927.11—　），山西原平人，国营新安机械厂（2003年4月与国营航空机轮附件厂（后改为陇西铸造厂）、航空附件研究所（部分）合并为西安航空制动科技有限公司，简称中航工业制动）筹建组组长。1944年7月进入晋绥边区实验学校学习，年底加入中国共产党。1946年2月在晋绥边区静乐县范亭中学学习。1946年8月在晋绥边区第六军分区教导队并担任班长。1947年4月调到晋绥边区20团政治处担任保卫组织干事、连副指导员；同年8月，任一野七军59团八连政治指导员。1949年8月，被选拔进入第一航校学习飞行，1950年8月学习结束后，分配到空八师任大队长；1953年1月担任空20师60团三大队大队长。1956年3月从部队转业后分配到国营第514厂（现中航工业制动）担任车间党支部书记，1964年任机关党总支书记。1970年8月任国营新安机械厂筹建组组长。1973年调3087厂任党委副书记，1975年调国营贵阳电机厂担任党委书记。1988年1月离休。

20世纪60年代末，为适应建设大三线的需要，第三机械工业部决定在三线地区建设几套主机厂和一套品种齐全的辅机工厂，国营新安机械厂是贵州地区建设的6家工厂之一，由秦岭机电制造公司（国营秦岭电工厂与陇西铸造厂合并时期）援建。该厂主要任务是为西南地区的歼击机、教练机配套机轮及刹车附件。“好人好马上三线”，负责筹建国营新安机械厂的任务落在了陇西铸造厂军人出身的党总支书记李征身上。

1970年8月1日，李征带领筹建组的5位同志及专业组13人进驻安顺县下属的蔡官镇，开始了艰苦的创业。当时安吉铸造厂（现中航工业安吉精铸）已基本建成，011基地决定新安机械厂与安吉铸造厂合并建厂，厂址选在安吉铸造厂黑色铸造区。

尽管筹建组的同志们出发前做好了充分的思想准备，但筹建地的荒凉和艰苦还是出乎大家的意料。当时的贵州是“地无三尺平，天无三日晴”。这里山脉连绵，岗峦起伏，最高山地海拔1380米，厂区和生活区就将建在群山环抱中一片不太大的农田上，平均海拔1100米。每年的11月一直到次年2月，总是阴雨连绵，低温潮湿，让人感到从里到外的冷。加上高原反应、水土不服，同志们腹泻、感冒轮番发作。筹建组借用安吉厂的几间红砖房成了办公地，临时搭建的干打垒土坯房就是大家的宿舍。没有办公设备，运输工具缺乏，人员严重不足，面临的情况用困难重重来形容一点也不为过。但是，在困难面前筹建组的同志们没有退缩。他们不等不靠，白手起家，开始了艰苦的创业。

李征领导筹建组，于1970年9月成立了由秦岭公司、安吉厂、第四设计院、中建部401公司共同组成的现场指挥部。各组不分设计、施工、生产单位的界限，采取边设计、边施工、边安装、边投产的方式，开始厂房基建大会战。工地上热火朝天，车水马龙，挖山填沟，挑土搬石。职工们发扬大庆工人“有条件要上，没有条件创造条件也要上”的精神，白天头顶烈日，夜晚披星戴月，不怕疲劳，连续作战。仅仅半年，6座厂房共8501米^{2}的工程基本建成，7月底又开始职工宿舍的修建。

在厂房建设的同时，李征和筹建组的领导，组织工程技术人员开始进行首批仿制产品的图样复制和工艺规程编制。6月份主厂房建成竣工，图样的复制和工艺规程编制工作也同步完成。1971年8月，首批仿制产品投入试生产。

基建施工中由于缺乏经验和受资金的限制，造成厂房基建质量不合格，最严重的是机械加工厂房地基下沉，地坪太薄，设备开动时造成机床共振无法正常生产，废品率高达40%～50%。为保证产品质量，李征和其他领导组织技术人员及老工人共同研究，积极想办法，提出了关键部位的工序用手工进行加工；为及时准确地对产品性能进行测试，工程技术人员自行设计制造综合试验台；在零件装配中，领导干部、技术人员、检验员、工人相互协作、积极配合，废寝忘食、加班加点，干在生产线、服务在生产线，及时处理解决问题。经过艰苦努力，终于在9月底攻克了该产品质量难关。10月1日，职工们敲锣打鼓到011基地报捷，向建国22周年献上了一份厚礼。

为了解决厂房基建问题，在筹建组组长李征的带领下，职工们自己动手，在不影响生产的情况下，对存在基建问题的厂房进行重新返工。打地坪、修房顶、重装设备，虽然每天都是两手泥，一身土，有时累得腰都直不起来，但大家仍然干得热火朝天，全部按工期完成了任务。

由于两厂合建，从老厂只调来120名工人，随着产品配套品种和配套量的增加，技术工人的匮乏逐渐显现。复员军人和新招收徒工都没有接触过生产，能带徒弟的师傅更是短缺。为了让新工人尽快成长起来，李征积极与秦岭公司联系，将部分关键工种的工人送到老厂及兄弟厂代培。新工人边学习边工作，在实际生产中锻炼，许多人很快成为生产骨干，有的还成为带徒弟的师傅。

随着人员逐渐增多，困难也增加。生活上蔬菜缺少，副食供应困难，得靠工厂组织车辆到外省去拉；孩子入托、入学困难，住房、就业，矛盾重重。但大家仍然坚守

李征工作照

着那份激情和梦想，生活上不叫苦，工作上不计报酬，兢兢业业，艰苦奋斗，终于在荒凉的山谷中建起一座初具规模的航空机轮和刹车附件厂。

由于工作需要，李征于 1973 年 7 月调离国营新安机械厂，1988 年 1 月离休。

韩景田

韩景田（1931.5—1978.3），黑龙江鸡西人，国营天安电器厂（1996年1月8日与国营新安仪器厂合并成立四川泛华航空仪表电器有限公司，简称中航工业泛华）筹建负责人。1947年7月在军工第八厂入伍，1949年调兵工总局21厂（现中航工业哈飞）任工长。1953年任哈尔滨市244技校教研室组长、主任，同年5月加入中国共产党。1957年调国营第105厂（现中航工业津电）任工长、科长。1970年11月调四川雅安国营天安电器厂任筹备组副组长、厂党委委员、副书记。1977年5月调第三机械工业部第624研究所（现中航工业涡轮院）任机动处副处长。1978年3月去世。

1970年，国营第105厂承担了分迁包建国营天安电器厂的任务，几经选址，最终决定修建在四川省雅安县飞机坝。根据相关文件要求，工厂建设规模在500人左右，工厂建设采取边设计、边施工、边安装、边投产的原则，工厂代表产品为发动机点火装置、热电电门和火警信号器。

1970年7月，负责工厂建设的105厂派出以机动科科长韩景田为组长的35人基建组，第一批10多名人员已经奔赴四川省雅安县着手筹备建设工作。1970年10月，工厂完成“三通一平”（路通、水通、电通、平整土地），11月初，105厂大批分迁人员陆续来到了雅安。在地方党政的领导支持下，迅速地组织了一支以分迁人员为骨干的700多人的施工队伍开进了工地，一条线以基本建设为主，一条线以生产准备为主，工厂的建设工作全面地铺开了。

1970年11月30日，三机部发出了《关于组建国营天安电器厂筹备领导小组的通知》，经与四川省工办、空军成都指挥所商定，成立了由韩景田任副组长的筹备领导小组，成员包括王善田、石彤等。由此，韩景田作为国营天安电器厂筹备领导小组副组长和实际负责人，全面主持工厂的建设工作。

在工厂破土动工时，建设队伍既缺乏修建工厂的经验和专业人员，也缺少起码的施工机械，针对这种情况，一部分人认为不如先回老厂汇报情况，联系好专业建筑队伍后再开工。一部分人提出要学大庆人，有条件要上，没有条件创造条件也要上。两种思想的斗争十分激烈。韩景田作为筹备领导小组负责人，积极组织大家学习有关三线建设的文件，把思想统一到自力更生的基础上来，使大家明白了在困难面前，消极等待是不行的。通过组织学习，统一了大家的思想认识，国营天安电器厂的建设工作按照“边设计，边施工，边安装，边投产”的思路有序向前推进。

然而，意想不到的困难还是接连出现，特别是运输工具。当时仅有一辆搞后勤的汽车和十来辆破烂不堪的手推车，远远不能满足施工现场的需要。为此，韩景田及筹备领导小组成员也和普通工人一样，每天上班前，自动从仓库带水泥等材料到工地，以保证施工原料供应。

在厂房主体结构开始施工后，韩景田和筹备组成员及干部工人研究分析后，提出了“大干三十天，完成主体结构任务”的口号，采取了老工人、工程技术人员和干部三结合的办法，解决了施工技术力量不足的问题。经过反复实践，工人们还利用三台电动机，制作了 3 台平板振动机，解决了水泥预制构件的加工问题，极大地提高了施工效率。并相继攻克了预进埋铁件加工、大型构件吊装、关键部位焊接等难题。使整个建设队伍全体人员对自力更生有了信心和勇气。经过 1 年的拼搏，基建队伍完成了工厂厂房主体结构施工，并开始试生产。

1971 年 3 月，为了解决工厂施工和生活用水问题，工厂决定在工厂西南面的龙岗山修建垂直落差 100 米的 400 吨高位水池，筹备领导小组提出了用 10 天时间完成水池施工的口号，并组织了 700 人的施工队伍，70 多岁的老婆婆和 10 多岁的小学生也参加了这次大会战。建设工人硬是靠着人背肩扛，从一条崎岖陡峭的小路，将 1000 多吨建筑材料按时送到施工现场。经过 10 个昼夜的苦战，终于完成了高位水池的土建工程。

依靠工厂筹备领导小组的统一指挥、地方党政的大力支持，及干部工人的顽强拼搏，只用了短短 1 年的时间，就完成了厂区建筑面积 6249 米^2，生活区建筑面积 9116 米^2，改建工程 4263 米^2 的建设任务。1971 年 9 月，国营天安电器厂各车间就陆续开工试生产。

1973 年 6 月工厂建设竣工，筹备领导小组副组长、革委会副主任韩景田签发了《国营天安电器厂竣工验收报告》，工厂基本形成了生产线。1975 年，国营天安电器厂开始生产交付合格产品，这时产品质量管理工作就十分重要了。为此，1975 年 1 月，在国营天安电器厂党委统一领导下，成立了整顿产品质量领导小组，由韩景田担任组长，负责产品质量整顿工作。经过质量整顿，使国营天安电器厂摆脱了建厂时期三机部在《航空产品技术协调方法》中规定的天津 105 厂为主制厂，雅安国营天安电器厂为复制厂的局面，使雅安国营天安电器厂转变成了独立的航空电器厂，并开始进行了一些新产品的研制。在韩景田的领导下，经过产品质量整顿，也形成了国营天安电器厂的一系列质量管理规章制度，对提高产品质量起到了积极的推动作用。

1977 年以后，由于工作需要，韩景田调第三机械工业部第 624 研究所工作。1978 年 3 月去世。

马远培

马远培（1920. 10—1998. 10），安徽宿县人，万山机电厂（1980 年 10 月改建为 012 基地干部培训学校，现为陕西航空职业技术学院，简称中航工业陕航学院）筹建组组长。1940 年 1 月在安徽省淮南参加新四军，同年 7 月在部队加入中国共产党。曾任新四军江北纵队新七团民运组长，加山县公安局干事、特派员，苏皖边区湖西地区锄奸保卫科科长，白城县公安局局长，开通县公安局局长，梨树县公安局局长。1949 年南下到武汉市公安局工作，任处长。1954 年 5 月转业到沈阳航空喷气发动机厂（现中航工业黎明）任处长。1959 年 11 月从北京航空学院第一期特别班学习毕业后，分配到兰州市国营万里机电厂（现中航工业万里）工作，历任总工程师、政治部主任、厂党委副书记、党委书记。1970 年 12 月调任万山机电厂筹建组组长。1974 年 10 月调汉中 012 基地任副主任兼政治部主任、党的核心小组成员、运 8 飞机生产总指挥。1978 年 11 月调到武汉市第三机械工业部中南地区物资供应管理站，任党委书记兼主任。1983 年离休。1988 年获航空工业部颁发的“献身航空工业三十年”荣誉证书。

20 世纪 60 年代末和 70 年代初，国家经济建设重心向三线转移，第三机械工业部决定在陕西省汉中市西乡县沙河坎镇筹建万山机电厂，生产机载火控电子计算机，并决定由兰州国营万里机电厂负责包建。1970 年 12 月，国营万里机电厂抽调人员组成的筹建组抵达筹建点——陕西省西乡县沙河坎镇，马远培任筹建组组长。

马远培等领导带领筹建组进点以后，工厂建设主要围绕基本建设、产品研制、人员培训三个方面进行。

基本建设方面，从 1971 年起，马远培组织开始征购土地，改造恶劣的环境，搞“三通一平”（路通、水通、电通、平整土地），并建了一些职工居住的“暂设”工程（简易窝棚）和一些永久性建筑（车库、仓库等）。1972 年秋，由陕西省第一建筑工程局机械化公司负责推山平地，到次年 7 月，将原来的普贤寺、康营山头推整完毕。完成土方量 20 万米^3，并由国家建委五局九团三营盖了子弟学校楼。1973 年至 1975 年，因施工力量缺乏，使基建工程受到严重影响。

产品研制方面，根据部里确定的产品方案，万山机电厂主要生产第三代集成电路计算机。1971 年 7 月，马元培组织人员与临潼 1423 研究所签订协议，共同研制“轰 6 飞机射击瞄准系统集成电路数字计算机”。经过双方科技人员和工人的共同努力，于

1975 年 6 月试制成两台性能样机，取得了产品研制的初步成果。

万山机电厂设计定员 1500 人，除万里机电厂先后支援了 180 多名技术骨干和干部、工人外，1971 年 7 月至 1972 年 3 月，工厂按国家计委和部拨给的招工指标，招收徒工 580 名，从部队接收复转军人 216 名，加上一些零星调入，截至 1972 年底，已有人员 1030 名。这些人员大部分安排到北京、天津、兰州、西安等地 20 多个单位进行技术培训。到 1974 年，绝大部分学员已转正定级，基本掌握了本工种的生产技能，有的还成为培训单位生产骨干。

马远培带领筹建组进点后，感到把工厂建在秦巴山区，周围没有电子工业基础，地区配套能力差，建成后也会遇到很大困难。1973 年初，他们到湖北荆门、河北保定等地另选厂址，均因不甚理想而作罢。1976 年国家调整经济建设计划，万山机电厂列为缓建项目，人员分流到其他工厂，只留下 80 余人看护国有资产。1980 年 10 月，基地决定在万山机电厂厂址上建立 012 基地干部培训学校。1982 年 6 月，航空工业部正式下文将 012 基地干部培训学校改为 012 基地职工工学院（现为陕西航空职业技术学院）。1983 年万山机电厂彻底停建并销号。

1974 年 10 月，马远培调离万山机电厂筹建组，到 012 基地任基地副主任兼政治部主任。1983 年离休。

彭守琪

彭守琪（1927.2— ），山东荣城人，国营东风仪表厂（现陕西华燕航空仪表有限公司，简称中航工业华燕）首任党委书记。1944年4月参加革命，任山东胶东军区后勤部兵工三厂工人，获得劳动模范称号。1945年加入中国共产党。1947年7月任山东胶东军区政治部侦察员，获得二等功。1948年8月任山东工矿部军工局工业学校干事。1949年4月任山东工矿部第三兵工厂见习保卫干事。1950年10月起任株洲兵工厂（现中航工业南方）保卫副股长、股长，教育科副科长、科长，干部科长。1960年8月任宝成仪表厂（现中航工业宝成）人事副厂长、政治部副主任。1970年12月调入国营东风仪表厂任党委书记。1980年9月调宝成仪表厂任党委书记。1985年当选宝鸡市第八届人大代表。1988年荣获国防科工委颁发的“献身国防科技事业”荣誉证书和证章。2005年荣获中共中央、国务院、中央军委颁发的“纪念中国人民抗日战争胜利60周年”证章。2011年荣获中国航空工业建立60周年纪念奖章。1989年1月离休。

1970年12月，彭守琪调入国营东风仪表厂（1972年改为国营华燕仪表厂，简称华燕厂）任党委书记，时值华燕厂基建大上阶段。华燕厂作为国家三线建设的企业，厂址选定在陕西省汉中地区南郑县新集区华山乡，地处山区，生产、生活条件十分艰苦。彭守琪作为党委书记，要求全厂职工要学习和发扬大庆工人“有条件要上，没有条件创造条件也要上”的创业精神，并身先士卒与施工队伍一起投入到紧张的施工会战中去。没有毛石，他和职工冒雨下河去搬；抢运物资，他又夜以继日地奋战在运输线上。1973年，工厂厂区主体工程基本完工，但由于施工单位的撤出，使得工厂不得不开展基建收尾工作。面对这一情况，彭守琪及时组织召开党委工作会议，与领导班子成员一同研究部署基建收尾的各项工作。同时，工厂广大职工群策群力，把革命热情转化为实际工作，利用1年时间顺利完成了基建收尾工作，为产品的投入生产赢得了宝贵的时间。

从1973年下半年开始，工厂逐步转入到批生产和新品研制阶段，党委向全厂提出了“厂举大庆旗，人学王进喜”的口号，并创造条件对已定型的全液浮加速度计、半

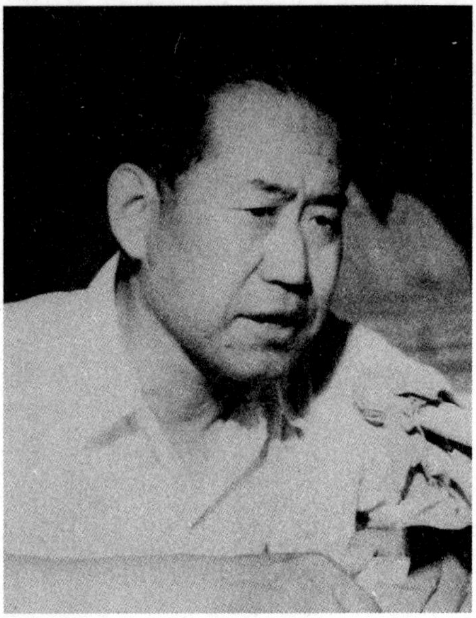

彭守琪工作照

液浮速率陀螺等 10 种产品进行小批量生产试制。彭守琪组织工厂党委领导班子召开了扩大会，统一思想，摆正引进国外先进技术与坚持自力更生方针的关系，并下定决心完成 LTN－51 的测试测绘全过程，掌握惯导技术原理，培养技术队伍，为研制我国自主惯导系统创造条件。同时，工厂将 15 车间锻工组作为模范班组，在全厂开展了“学大庆，赶锻工”的活动。随着此项活动的深入开展，工厂涌现出了一批先进班组和先进个人。1976 年 2 月，彭守琪代表工厂党委组织召开了工厂首次“工业学大庆”群英会，为后续工厂创建大庆式企业奠定了坚实的基础。

从 1976 年底到 1978 年，工厂制定了“用 3 年时间创建大庆式企业”的目标。彭守琪带领党委一班人在工厂掀起了“工业学大庆”的高潮。1977 年和 1978 年，工厂连续两年被评为陕西省航空工业系统先进单位和 012 基地“工业学大庆”先进单位。1977 年 2 月，工厂提前 5 天完成了生产任务，实现了“开门红”。同年，工厂锻工组被评为“第三机械工业部工业学大庆先进集体”，并出席了三机部企事业领导干部会议，受到了华国锋、叶剑英等中央领导的接见。彭守琪和工厂先进集体机动科、锻工组代表出席了陕西省工业学大庆会议。1977 年 4 月，工厂锻工组代表出席了全国工业学大庆会议，受到了中央领导同志的接见，锻工组被命名为全国工业学大庆先进集体。

在彭守琪和工厂领导班子的领导下，工厂创建大庆式企业的活动蓬勃开展，期间多项科研成果，包括半液浮速率陀螺、挠性陀螺先后荣获全国科学大会奖和陕西省科学大会奖。为加快工厂创建大庆式企业的步伐，彭守琪带领广大干部职工充分发挥党组织战斗堡垒作用和模范带头作用，将创建活动落实到车间、班组和科室。1978 年 5 月 24 日，中共陕西省委、省革命委员会批准命名国营华燕仪表厂为大庆式企业，陕西省国防工办为工厂授予了锦旗。同月，第三机械工业部批准命名国营华燕仪表厂为大庆式企业。6 月 30 日，第三机械工业部副部长莫文祥来厂将“大庆式企业”的锦旗交到了彭守琪的手中。

1980 年 9 月，彭守琪调至宝成仪表厂任党委书记。在任党委书记期间，主要负责领导班子建设和党建、思想整顿工作。他组织干部、群众认真学习党的十一届三中全会以来的路线、方针、政策。1981 年根据党组《关于加强航空产品质量工作的紧急通知》《关于立即对航空产品质量进行一次严格整顿的决定》，扎扎实实地组织进行了质量整顿。1982 年担任工厂打击经济领域严重犯罪活动领导小组组长，在全厂范围内组织进行了“十查”活动，并在全厂范围内着重抓了职工队伍的精神文明建设工作，组织领导企业宣传工作紧紧围绕企业管理、生产、科研工作进行，为企业的发展提供思想保证。

彭守琪于 1983 年起任宝成仪表厂顾问。1989 年 1 月离休。

徐立祥

徐立祥（1923.6—2009.3），山东沾化人，万山机电厂（1980年10月改建为012基地干部培训学校，现为陕西航空职业技术学院，简称中航工业陕航学院）筹建组党委书记，012基地干部培训学校党委书记。1944年8月在原籍参加革命，同时加入中国共产党。曾任沾化县泊头镇党委书记、沾化县组织部干事。1949年2月起任浙江省丽水县岩泉区区长、区委书记、杭州市政工会主席。1954年7月调沈阳航空喷气发动机厂（现中航工业黎明），历任福利科副科长、科长，车间党支部书记。1959年1月调成都国营新都机械厂（现中航工业成发），先后任党总支书记，厂工会副主席、代理主席。1966年12月调陕西汉中012基地，任390厂筹建组组长、党委书记。1970年12月调万山机电厂任筹建组党委书记。1980年10月—1981年7月任012基地干部培训学校党委书记。1983年1月任国营千山电子仪器厂（现中航工业千山）顾问。1983年离休。1988年获国防科工委颁发的“献身国防科技事业”荣誉证书和证章。

1970年，万山机电厂选址在陕西省汉中市西乡县沙河坎镇建设，生产机载火控电子计算机，并由甘肃兰州国营万里机电厂包建。1970年12月，徐立祥从汉中390厂抽调到万山机电厂筹建组，任党委书记。徐立祥和其他领导带领筹建组进点以后，工厂建设主要围绕基本建设、产品研制、人员培训三个方面进行。

徐立祥和其他领导在筹建过程中，感到把工厂建在秦巴山区，周围没有电子工业基础，地区配套能力差，建成后也会遇到很大困难。1973年初，他们到湖北荆门、河北保定等地另选厂址，均因不甚理想而作罢。1976年，国家调整经济建设计划，缓建万山机电厂，人员分流到其他工厂，只留下徐立祥等80余人看护国有资产。1983年该厂彻底停建并销号。

徐立祥等工厂留守领导，根据012基地要求，提出了“守点办学，搞好生产”的口号。具体任务是：维护好国家财产，使之不受破坏和损失；为基地和上级机关在此举办学习班做好服务工作；搞好农副业生产，尽量将厂区空地种上庄稼，边缘地区种上树木，养猪养鱼。这样做可以占住地盘，不致使留守职工闲散无事，又可以改善职工生活。

在留守工厂的5年中，徐立祥等领导带领留守职工经过艰苦辛勤的努力，较好地保持了厂区和福利区的完整。他们充分利用已有建筑，为基地和上级机关相继在此举办的26期学习班、1560人次提供了服务。为搞好农副业生产，徐立祥等领导身先士卒，带领职工耕地、播种、插秧、除草、施肥、打谷，喂猪、喂牛、养鱼等。洒下了辛勤的汗水，累计收获稻谷7万余斤、油菜籽0.6万斤，自产猪肉、鲜鱼约1.2万斤。通过守点劳动，继承和发扬了艰苦奋斗的优良传统，密切了干群关系，职工的精神面貌也从守点初期的沉闷压抑转为生机勃勃。

在搞好培训和农副业生产的同时，徐立祥等领导带领留守职工，利用仅有的一台车床和一台铣床，为兄弟厂加工产品。他们克服夏天炎热，蚊虫叮咬，冬天严寒无取暖设备的困难，虽然仅获得0.3万元产值，但却为后来逐步发展起来的机加、热表处理生产线奠定了基础，也是今日中航工业陕航学院附属工厂的雏形。在012基地的支持下，通过滚雪球的方式，利用发展生产积累的资金，逐年增添设备，完善生产手段。到1982年，012基地职工工学院成立时，固定资产达到34万元，年产值69万元。几年中，徐立祥等领导带领留守职工，利用工业生产的利润，扩大了再生产，节省了国家缓停建万山机电厂的维护费，还兴建了一些工程，为办学补贴了经费。

徐立祥等留守领导多次向上级申请，在原万山机电厂厂址上建立干部培训学校。1980年10月，012基地决定在万山机电厂厂址上建立012基地干部培训学校，使基地干部培训走向正规化，徐立祥任代理书记。012基地干部培训学校相继举办5期企业管理培训班，培训基地内部各企业中层干部和管理干部240余人。在此基础上，徐立祥他们又提出在干部培训学校基础上争取用3年左右时间建成012基地职工工学院的设想。1981年5月，三机部教育局领导来012基地检查工作时指出："012基地是一个有几万人的基地，应该成立工学院，有自己的教育中心。"012基地党组于1981年7月决定，012基地干部培训学校积极创造条件，改办012基地职工工学院。

在上级领导的重视和支持下，经过干部培训学校领导和职工的不懈努力，从决定将干部培训学校改办为工学院，到正式批准成立，他们目标明确，指挥得当，狠抓重点。广大教职工在他们的带领下，发扬艰苦奋斗、勤俭办学的精神，仅用了1年左右的时间，于1982年6月，航空工业部正式下文批复012基地职工工学院（现陕西航空职业技术学院）成立。

1983年1月，徐立祥调离012基地职工工学院到国营千山电子仪器厂任顾问。1983年离休。

吴乐书

吴乐书（1924.5—2010.9），江苏泗洪人，国营枫阳机械厂（现贵州枫阳液压有限责任公司，简称中航工业枫阳）首任厂长、党委书记。1942年5月参加中国共产党，任泗洪县龙南乡农会副主任。1944年8月起历任泗宁睢县张楼乡政治指导员、县委工作队长、长沟区区联主任。1946年8月，任七兵团后勤部政治指导员。1949年10月起历任浙江省委工作团党支部书记，浙江诸暨县江东区区委书记、县政府办公室主任、副县长。1954年4月，任金华地委农村工作部生产科长。1957年7月，调国营松陵机械厂（现中航工业沈飞）任科长、处长、副厂长。1962年8月，调保定国营惠阳机械厂（现中航工业惠阳）任副厂长。1964年12月，调贵阳011基地任处长。1971年1月，调国营枫阳机械厂任厂长、党委书记。1977年12月，调成都国营峨嵋机械厂（现中航工业成飞）任副厂长。1981年，任中国航空技术进出口公司驻约旦王国分公司经理、党委副书记。1983年回国，任成都国营峨嵋机械厂副厂长。1984年离休。1988年，获航空工业部颁发的“献身航空工业三十年”荣誉证书。1990年，荣获航空航天工业部“先进离休老干部”称号。2010年9月去世。

1967年初，根据中央关于三线建设的方针和航空工业第三个五年计划的规划，为实现三线地区辅机成套，保证既定的“三五”主机配套任务，第三机械工业部决定在贵州航空三线基地建设一个航空电磁开关厂。1月26日，第三机械工业部下发了《关于编制贵州航空电磁开关厂工艺设计方案的通知》，该厂以歼7飞机配套的电磁开关为代表产品，并考虑生产歼8、歼9等飞机配套的电磁开关所需的特殊条件。4月，第三机械工业部对“三五”辅机建设规划做了调整，决定扩大电磁开关厂生产规模，由原定的80~90万工时增到130万工时。

1967年初至1970年底，是电磁开关厂的筹建时期。在这段时期，工厂先后更换了三个厂址，最后根据当时航空工业领导小组的指示和011基地军管会调整工厂布局的决定，于1970年5月搬进了第四个厂址——原180厂旧址，开始进行改建。在决定利用原180厂厂址改建的同时，第四设计院对工厂已形成的初步设计方案进行了调整。

为了照顾所在地区人们的历史继承性，报经三机部认可，工厂的第二厂名沿用了原180厂的第二厂名——枫阳机械厂。

1971年1月，吴乐书奉命调国营枫阳机械厂任厂长、党委书记。1971年至1976年，是形成生产能力、维持艰难局面的一个阶段。1970年底，180厂撤销时留给枫阳机械厂固定资产915.98万元，金属切削设备52台，人员506名，加上先后从各方面汇集而来的人员，以及订货设备的逐渐到厂，到1971年，工厂初具规模，具有了一定的生产能力，并开始接受国家批生产计划。

吴乐书和工厂领导班子组织各部门先后制定、颁布了关于质量、技术、生产、设备、材料、劳动保护、生活、车辆等方面的管理制度、规定和办法，并逐步进行充实和完善。这一时期，管理机构也得到了建立和健全，分别于1973年8月、1974年12月、1973年5月组建了工厂第一届党委会、第一届工会委员会和第一届团委会，同时建立了基层党支部、分会和团支部。吴乐书当选第一任党委书记。

吴乐书带领全厂广大职工发扬艰苦奋斗、自力更生的革命精神，使工厂初期建设取得了一定成绩，自己动手仅用了46天完成了20号厂房2690米^{2}主体结构工程的施

吴乐书（右一）陪同外国友人参观工厂

工任务，节约投资近6万元。为歼6、歼7飞机配套的电磁开关生产，在吴乐书等领导的直接组织下，也取得了一定的成绩。1971年初，工厂全线开工，进入了歼6系列产品复制试生产，并陆续投入批生产，逐项接受订货。1972年底，全部完成了歼6机型11项电磁液压系列产品的试生产定型；从1973年开始，全面开展了批生产；1975年，工厂基本完善了电磁阀套配偶式液压产品的生产线，具有一定应变能力的综合生产规模基本形成。

1972年，工厂开始了歼7产品（YDF-13、RDF-6A、RDF-9）的生产准备和试制生产工作，并主动争取列入了基地生产计划；工厂派人到三机部接受“708”工程的3项产品的研制任务，到年底全部完成了歼6-Ⅲ10项液压附件产品的生产定型工作。1974年，成立了科研样品工段，开始研制“708”工程3项产品。1975年，工厂开始研制精密滚子叶片液压伺服马达新产品，历时2年，于1977年1月研制成功，投入小批生产，并获得贵州省科技大会成果奖。1976年9月，工厂接受了直8型机10项附件研制任务；10月，开始研制新产品RDK-8；同年，工厂开始试生产歼7附件产品YYF-2、YYF-4。

1977年12月，吴乐书调离国营枫阳机械厂，先后在成都国营峨嵋机械厂、中国航空技术进出口公司等单位工作，1984年离休。2010年9月去世。

王发科

王发科，1972 年 4 月任襄樊医院（现中航工业襄樊医院）筹建领导小组组长。1974 年 8 月，因工作需要调到成都第 363 医院，任筹建领导小组组长。1977 年 12 月，医院筹建工作基本完善，王发科服从上级安排调回原部队工作。

1972 年 4 月，王发科来到湖北省襄樊市南门外的郑家山，负责筹建襄樊医院的前期选址工作，担任筹备组组长。1972 年 11 月 17 日，《国务院、中央军委关于解决民航、航空研究院医疗问题的批复》正式批复空军党委，在鄂西北地区建立一所 100 张床位的医院，以解决中国人民解放军航空研究院中南地区所属单位的伤病员、职业病患者、疑难病患者的就诊。

王发科到任后，主持并参与了筹备组编报襄樊医院的设计任务书的工作。1973 年 9 月 19 日，航空研究院《关于四所医院营房筹建问题的通知》确定，襄樊医院定点在襄樊南门外郑家山，由 609 所代理营房筹建。在王发科和筹建组的积极争取下，航空研究院将襄樊城内原三机部办事处房子的一部分作为医院筹建使用。筹建领导小组于 1974 年 2 月 23 日上报了《第三机械工业部航空研究院襄樊医院定点报告》。1974 年 3 月 5 日，航空研究院正式确定襄樊医院名称为襄樊第 364 医院，拉开了 364 医院基本建设工作的序幕。

1974 年 3 月 15 日，湖北省革命委员会基本建设委员会批复同意襄樊医院定点方案。按照 1974 年 4 月 8 日至 10 日在北京召开的医院筹建工作会议精神，对医院建设所需的各类工作人员进行了调查摸底。1974 年 7 月，三机部航空研究院批复《关于襄樊三六四医院扩初设计的批复》（扩充初始设计），获得建设投资 200 万元，医院的基本建设拉开了序幕。经过近 8 年艰苦的基本建设，1982 年 4 月 15 日医院正式开业。

1974 年 8 月，王发科因工作需要调到成都第 363 医院。成都第 363 医院是 1972 年 11 月，国务院、中央军委同意第三机械工业部六院在其下属单位比较集中的北京、西安、成都、襄樊地区组建 4 所 100 张床位的医院之一。经近两年的医院编制规划、区域土地划拨、筹建领导小组成员考察及医院设计任务修订等工作完善后，具备一定筹建经验的原襄樊医院筹建领导小组组长王发科受上级委托，来到成都，挑起了筹建成都第 363 医院领导小组组长的重担。

在王发科率先垂范的榜样力量的引领下，筹建工作领导小组成员和广大职工群众发扬自力更生精神，在按批准的100张床位建设基础上超前思考，克服了经费吃紧、材料不够、技术短缺、人力不足、基建运输力量薄弱等困难。短短两年的时间里，在王发科“以人民战争促任务”的思想和“全院办基建”的口号指导、激励下，全院上下齐心，用“没有条件创造条件上”的精神和气势，以基建为中心带动全院的基本建设，打好了一场硬仗、恶仗，并兼顾了组织建设和人员建设。

1974年11月3日，医院正式破土动工修建医疗大楼，凡调来医院工作的干部、医生、护士、工人，首先参加的工作就是与大家一起参与基建劳动。领导干部带头，有的患病仍在现场指挥；职工中有的手、肩磨起血泡缠上纱布又继续干。“穿上白大褂是医生护士，脱了白大褂是建筑工人”成为这一时期医院里随处可见的最真实、最质朴、最感人的写照。

王发科领导生产建设，参加生产建设，和广大职工群众一起建设，精打细算、节约各项开支、减少国家拨款，想尽办法做好了各类医疗器械设备和大量被服床具等物资的筹备。1975年，当钢材供应难以满足医院基建需要时，王发科带领部分干部职工，奔赴全国各地，磨破鞋底和嘴皮，向上级和兄弟单位要指标、催货、求援，最终解决了229吨钢材。

1976年，据成都市地震局预报，七八月间成都地区将有大地震。为防震、抗震和保护建设成果，王发科与医院干部职工克服紧张情绪，坚持正常上下班，基础建设工作照常进行，并通过人拉肩扛，快速搭建临时防震棚，转移贵重物资。

1977年3月，为进一步加强医院组织建设，凝聚领导干部队伍，在王发科的主持下，医院召开了自筹建以来的首次党委扩大会议，开展了筹建领导小组成员间的批评与自我批评，并深入查找医院筹建过程中的各种不足，听取各类意见和建议，达成了共识，凝聚了人心，为继续深入筹建医院和顺利开诊奠定了坚实的基础。1979年5月，医院正式开诊，开放病床86张，含内科、儿科、外科、妇产科和五官科，可医治24种类型的疾病，建立起57项规范的各类制度。

1977年12月，医院筹建工作基本完善，王发科服从上级安排调回原部队工作。

石　彤

石彤（1923.10—1992.12），江苏如皋人，国营天安电器厂（1996年1月8日与国营新安仪器厂合并成立四川泛华航空仪表电器有限公司，简称中航工业泛华）首任党委书记。1942年10月参加革命。抗日战争时期任村长，1946年11月参军，曾任华东野战军教导大队学员、华野17师49团政治教导员、空军15军43团组织股长、空军政治部组织部助理员。解放战争时期，参加过郓城战役、睢杞战役、淮海战役、渡江战役。荣立三等功、四等功各一次。1965年转业到北国电工厂（现中航工业曙光），任组织部长、政治部副主任。1970年10月调到国营天安电器厂，担任工厂筹备领导小组成员；1972年6月7日，当选党委书记。1978年11月调往河南新乡豫北机械厂任党委书记。1981年9月离休，1992年12月去世。

1970年9月11日，航空工业部正式批复同意在四川雅安筹建航空热电点火装置厂。在地方党政的领导下，一支以分迁人员为骨干的700多人的施工队伍开进了工地。他们同时开展了一条以基本建设为主、一条以生产准备为主的工作，工厂的建设全面铺开。

为了有效指挥和领导这支庞大的建设队伍，第三机械工业部于1970年10月底正式批准确定国营天安电器厂领导班子成员，全面领导工厂的筹备和建设工作，北国电工厂政治部副主任石彤被调到国营天安电器厂担任筹备领导小组成员。

在国营天安电器厂面临破土动工的时刻，大家对建工厂都是外行，非专业性施工队伍连起码的施工机械都没有。鉴于这样的情况，两种思想斗争也就相当激烈，一部分人认为不如先回老厂汇报情况，等联系好专业建筑队伍后再来；一部分人则提出学大庆人，有条件要上，没有条件创造条件也要上。就在这两种思想激烈交锋时，石彤作为筹备领导小组成员与筹备小组负责人，积极组织大家学习有关三线建设的文件，很快把思想统一到自力更生的基础上来。在这一思想的指导下，筹备领导小组按照“先生产、后生活”的原则，带领三线职工发扬“一不怕苦，二不怕死”的精神，克服种种困难，在短短1年内就完成了工厂的主体结构，并投入了试生产。这一段艰苦创

石彤生活照

业的岁月成为国营天安电器厂历史的里程碑，也刻上了一首光辉的诗句：革命工农斗志坚，为建三线挑重担。敢揪羌江水龙王，勒令龙岗吐清泉。

在基建中由于错误地批判了所谓刘少奇同志的“乙方干、甲方看”的施工原则，搞了一套“大锅饭”的错误做法，实际变成了“工厂又包工又包料、施工队伍就是不包质量”。针对这一错误做法，石彤组织了现场指挥，派进宣传员、思想政治工作人员和质量监督员，避免和减少了一些损失。特别是在不切实际地推行“干打垒”的时候，工厂从客观实际出发，在宿舍建设问题上始终是按照科学规律办事，贯彻执行了“百年大计、质量第一”的施工建设方针，保证了职工宿舍的质量。如果没有当时石彤对国家和人民高度负责的精神，也趋附于形势，那么国营天安电器厂将会付出更大的代价。

随着企业的不断发展，建立一套科学的规章制度就显得尤其重要。1975 年，党委书记石彤要求在当年 6 月份要完成规章制度建立和修改工作。这些规章制度的建立，对国营天安电器厂科研生产的发展起到了相当积极的作用，为国营天安电器厂的企业管理奠定了基础。在动不动就挥舞“管、卡、压”的年代，国营天安电器厂能比较客观地制定出一整套规章制度，已经是很不容易了。

国营天安电器厂的建设已接近大规模三线建设的尾声，与实力雄厚的生产同类产品的兄弟厂比较，国营天安电器厂各方面还是比较落后的。党委书记石彤清楚地认识到，只有加强科研生产的发展，才能提升企业的竞争能力。承认落后，但不甘心落后的思想，在科研生产中始终占主导地位，这一思想一直在推动着国营天安电器厂科研生产的发展，使之成为具有相当科研生产能力的航空电器厂。

1975 年，在党委书记石彤的领导下，工厂成立了“整顿产品质量领导小组”。党委号召全体职工在整质的同时，大搞增产节约群众运动。并提出“全面完成和超额完成今年的国家计划，确保零备件和 DH－4 产品批产 200 台任务提前完成。坚决拿下 3 个新品和 2 个仿制品的研制和试制任务；力争 DH－3A、DH－4A 产品多完成一些，并做到‘以军为主，军民结合，平战结合，千方百计上些民品’”。之后，DH－3A、DH－4A 两个产品经过改进，成为国营天安电器厂“元老级”产品，从此出现在国营天安电器厂军品生产的行列中。

石彤 1978 年 11 月调往河南新乡豫北机械厂任党委书记。1981 年 9 月离休，1992 年 12 月去世。

康殿文

康殿文（1923.3— ），河北宝坻人，国营千山机械厂（1969年4月由千山中级技术学校改建而成，现为陕西千山航空电子有限责任公司，简称中航工业千山）党的核心小组组长、革委会主任、党委书记。1943年9月在北安县北岗小学任教员、校长。1946年4月加入中国共产党。1947年5月任黑龙江省望奎县中学副校长。1952年9月任黑龙江省军转干部学校副校长；1953年11月任沈阳242技校副校长；1958年9月任阎良航校副校长；1962年任沈阳航校副校长；1965年9月任千山中级技术学校党总支书记、副校长；1972年7月任国营千山机械厂党的核心小组组长、革委会主任，1973年8月任党委书记；1980年8月任西安航空工业学校党委书记。1984年离休。

20世纪60年代，中央在三线地区开始了大规模的经济建设。1964年10月，三机部商请接收汉中地区一至二所地方中学，改办为半工半读的中级技工学校。1965年3月下旬，第三机械工业部派沈阳航空工业学校副校长康殿文领队，赴汉中接办学校。9月4日，千山中级技术学校在临时暂借地汉中县党校举行了开学典礼，康殿文任千山中级技术学校党总支书记。

千山技校，是一所新型的半工半读中级技术学校，从筹建开始就树立了良好的作风，康殿文带领的先遣队，扎扎实实开展工作。学校师生员工不计报酬，不讲条件，发扬艰苦奋斗、自力更生精神，经过3个多月的协商、交接，先遣队完成了对铺镇中学的全部接收和千山中级技术学校的设计工作；用4个月的时间完成了开学前的一切准备工作，保证了按期开学。

1969年4月7日，三机部下达了《关于千山技校改建为航空专用电子测试设备厂的通知》，正式将千山技校改制为工厂，厂名为国营千山机械厂。

在进行校改厂筹备工作期间，一大批有真才实学的科技人员和富有经验的技术工人从航空工业老厂调来，到1970年底工厂职工为520人，其中具有大中专文化程度的职工占职工总数的54.5%。1969年10月28日，三机部将国营第122厂等工厂无线电罗盘的生产力量逐步向工厂集中，搬来了相关设备和样机，工厂自此有了产品。

在校改厂建设阶段，工厂正处于“文化大革命”时期，康殿文靠边站，学校管理混乱，教学人员缺乏企业管理知识和经验。1972 年 5 月，军管组、革委会决定由康殿文等 5 人组成企业整顿领导小组，对企业进行整顿。1972 年 7 月，康殿文任国营千山机械厂（简称千山厂）党的核心小组组长，全面领导千山厂的工作。在企业整顿和机构体制改革核心会议上，康殿文强调指出：“突出科研，上下认识要统一，这是工厂性质决定的。搞科研，要摸准方向，集中力量，从人力、物力方面支持，加快进度。”实践证明，当时的指导思想是正确的，企业整顿和机构体制改革是有利于新品试制和批生产任务完成的，对加快新品研制进度起到了积极的作用，促进了生产的发展。

在康殿文的带领下，工厂一切从“零”开始起步。航空专用测试设备厂是工厂的建设目标，工厂一边建设一边生产，于 1973 年 6 月 6 日正式完成，项目竣工验收，全厂的建筑面积为 19860 米^2，组织机构已经建立，并成立了由职工家属组成的服务社、家属工厂和子弟学校。工厂在建设阶段坚持生产科研，共生产电子专用和通用测试仪器 300 多台，其他机械产品两种 652 台，实现产值 300 万元。

1973 年 7 月 2 日，三机部下文停止了工厂无线电罗盘试制任务，让工厂集中精力试制航空电子测试设备，自此，工厂开始向专用电子测试设备方面过渡。工厂随后开始了多项产品的研制。

1973 年 8 月，康殿文当选为党委书记，工厂党委代替原工厂党的核心领导小组，各项工作在工厂党委和厂革委会领导下逐步有序开展。

康殿文生活照

1977 年，工厂按照三机部的安排，开展了以整顿产品质量为中心的为期 3 年的企业整顿工作。在康殿文的组织下，1977 年重点以建立各项管理制度，初步扭转无章可循的局面；1978 年以整顿产品质量为中心，提高企业的管理水平；1979 年继续深化和细致地整顿质量，达到军工产品质量验收标准。这 3 年的整顿，对管理基础较好的工厂来说是恢复性的提高，而对于校改厂的千山厂来说，大量的工作从零做起，是从无到有的提高过程，所以，工作量较大，收效显著。

1980 年 8 月，因工作需要，康殿文调到西安航空工业学校工作。1984 年离休。

杨一民

杨一民（1917. 3—1998. 1），河南太康人，航空工业青岛疗养院（简称中航工业青疗）首任党总支书记。1939 年 2 月参加革命工作，1939 年 5 月加入中国共产党。1938—1951 年，在淮阳先后担任区中队长、区长、民政科长、专署署长等职。1951—1953 年，任二机部航空工业局计划科科长。1953—1955 年，任北京航校组织科科长。1955—1961 年，历任上海航校副校长、党总支书记和西安航校副校长及党委副书记。1961—1972 年，任青岛航校党总支书记。1972 年调到第三机械工业部青岛疗养院，1972 年 10 月任党总支书记，1978—1982 年，任顾问。1982 年 7 月离休，1998 年 1 月去世。

航空工业青岛疗养院建于 1966 年 7 月 27 日，名称为青岛休养所。1972 年 10 月 11 日，第三机械工业部批准将青岛休养所恢复并扩建，更名为第三机械工业部青岛疗养院，并成立总支委员会，第一任党总支书记由青岛航校调入的杨一民担任。

杨一民任青岛疗养院党总支书记期间，带领全院党员、干部、群众艰苦奋斗，勤俭建院，充分发挥党组织的凝聚力和号召力，深得干部群众的信任。他们大干快上，抓生产搞建设，经过 6 年的拼搏，取得了丰硕的成果，为疗养院日后的发展奠定了良好的基础。

20 世纪 70 年代，疗养院在“文化大革命”的风潮中恢复建制，发展急需人力、物力。杨一民团结带领院党总支成员和全体党员坚决执行党中央的决议和精神，贯彻党中央的方针政策，既通过有效措施落实了政治任务，巩固了党的基层组织，扩大了党员队伍，健全了党总支的组织制度，又把生产和建设干得红红火火。

疗养院党总支委员会制定了领导干部例会制度和党员民主生活会制度。通过领导干部例会，针对基建施工、疗养接待等院重大事务，集体协商，民主议事，集中领导，有效地贯彻了党的民主集中制原则，使每一位党总支委员充分发挥了应有的作用，保证了决策的可行性与科学性。通过民主生活会加强党的组织生活，传达党中央和上级政府文件精神和政治任务，始终把党员团结在组织周围，有效地继承发扬党的优良作风。

杨一民生活照

1973 至 1975 年期间，基建施工和疗养接待的任务均十分繁重。杨一民带领全院党员和群众，贯彻执行党和国家的政策，通过民主议事制订基建计划、组织工程实施、接待疗养员等重要工作。面对人少事多、困难重重的情况，他们群策群力，率先垂范，放手发动群众自力更生，创造条件搞建设。面对工作出现的问题和纰漏，他们勇于批评与自我批评，找问题的症结，认真解决问题，减少损失。他们的不懈努力换得了优异的工作业绩，疗养院病床及设备数量稳定增加，疗养人员逐年递增，医疗服务效果明显。同时，进一步建立健全了组织机构和规章制度，设立了政治处、院务处、医务处等部门，做到了合理科学分工。

1973 至 1978 年期间，院党总支积极发展党员，党员队伍逐步壮大，由建院时的 13 人发展到 40 多人。党总支认真培养后备干部，干部队伍稳健发展，干部的年龄梯度和文化层次配置合理，干部队伍发展到近 60 人，且 93% 以上具有初高中以上文化程度。随着疗养院规模的日渐壮大，职工人数逐年增加，由最初的 20 多人发展到 130 余人，其中医护人员 60 人，有高级医师数名，形成中西医结合的医疗队伍。在此期间，完成基建任务 10523 米^{2}之多，其中疗养用楼面积 7311 米^2，职工住房面积 2125 米^2，固定资产有效增加。疗养床位由不足 60 张增长到 200 余张，年接待疗养员数量达到 600 人次，床位年使用率高达 87.5%；具备理疗、影像等先进医疗设备，职业病治愈率高达 92%。

杨一民 1982 年 7 月离休，1998 年 1 月去世。

赵长富

赵长富（1922.10—1991.9），山东济南人，航空工业青岛疗养院（简称中航工业青疗）首任院长。1942年3月参加革命工作，历任鲁中华区兵工厂班长、排长、车间主任，被授予劳动模范3次。1946年加入中国共产党。1948—1953年转业新博煤矿任科长，1949年在军工局被授予劳动模范，1950年获新博煤矿劳动竞赛二等模范。1953—1963年任国营黎明机械厂（现中航工业黎明）分厂书记，1963—1973年任副厂长。1972年10月调任青岛疗养院院长。1979年5月离休，1991年9月去世。

赵长富于1972年10月调到航空工业青岛疗养院，任首任院长。在疗养院任职期间，他和院党总支配合，带领院领导班子成员做好各项行政事务工作，突出疗养特色，狠抓基础建设，为疗养院的长远发展奠定基础。

1973年至1975年，正是疗养院基建任务上马最多的时期，也正是这个时期的基建工作给疗养院打下了长期发展的良好基础。赵长富团结院领导班子成员，组织安排基建计划的落实和疗养任务的实施。期间，疗养院先后获得建设疗养、医疗用楼基建计划3000米^2，疗养、餐饮、职工住宿用楼计划5500米^2，新建3300米^{2}的楼房自来水安装工程和4300米^{2}电器工程等工程计划。面对艰巨的任务，赵长富带领班子成员努力争取资金，积极落实建材，发动职工抢抓施工时间，高质量完成全部工程建设。同时，通过细化疗养接待服务流程，合理安排行政人事工作，院领导班子成员分工明确，密切配合，圆满完成了上级下达的疗养接待任务，也提高了医疗服务水平，深受疗养员和上级单位的好评。

在赵长富的带领下，1976年至1978年，疗养院已经建成了较完善的疗养楼、医疗楼、体疗楼、锅炉房、职工宿舍、室外附属设施、海水浴场更衣室、阅览室与放映室等重要基础设施。此时，疗养院已拥有200多张床位，具备了齐全的餐饮、住宿、医疗、学习、娱乐等功能。与此同时，疗养院还通过举办学习班和进修班等办法，提高员工文化、业务素质；通过播放电影、免费阅览图书、举办技能比赛等，提

赵长富生活照

高群众文化生活质量，丰富疗养员的日常生活，为疗养院的稳步发展打下了坚实基础。

赵长富于 1979 年 5 月离休，1991 年 9 月去世。

冯绍周

冯绍周（1926.5—2011.11），浙江绍兴人，贵州喷气式发动机设计所（原011基地第二设计室，于1980年10月与国营黎阳机械厂、国营新艺机械厂、国营红湖机械厂、011基地601仓库整合为国营黎阳机械公司，2010年9月改组为贵州黎阳航空发动机（集团）有限公司，简称中航工业黎阳）第一任所长。1950年加入中国共产党。1943年考入上海交通大学机械系。1949年由华东军区军管会分配到大连俄文专科学校学习，1950年参加中国人民解放军空军，后调到北京空军训练部。1951年航空工业局成立，转业调往航空工业局参加航空发动机生产管理，先后担任科长、处长等职务。1972—1979年间任贵州喷气式发动机设计所所长。1979—1992年，先后任中航技驻英国代表处代表、中航技总经理助理。1988年荣立航空工业部三等功，1992年被航空航天工业部授予有突出贡献专家称号。1992年5月离休，2011年11月去世。

1972至1979年，冯绍周任贵州喷气式发动机设计所（简称贵发所）所长，虽然他在贵州工作的时间只有7年，但他对贵发所发展做出的贡献却是无法用时间来衡量的。

冯绍周作为贵发所第一任所长，他以国家需要为己任，化解了职工在“文化大革命”中积累的怨气，充分调动干部职工建所创业的积极性；他以远见卓识重新进行了研究所的机构设置，揭开了科学管理的序幕；他以超前的目光和卓越的胆识，迈开了建设平坝新所区的第一步，他用心为贵发所拓展了生存与发展的空间。

冯绍周调入贵发所上任没多久，就深刻剖析了贵发所当时的现状和存在的问题。虽然所有的工作都在有条不紊地进行，但由于缺乏国家扶持，也没有自身特色，贵发所还不能够独立设计研制航空发动机。照此发展，这支队伍很有可能会渐渐被社会抛弃，被人民遗忘在边远、贫困的三线地区。为了谋求更好的发展，冯绍周以超前的远见卓识，重新进行了研究所的机构设置，把原来的设计人员分成设计、试验两个科室，明确各科室的任务分工，实现了设计队伍的科学管理，同时还新建了很多先进的试验设备。

当年的贵发所建在一条狭长的山沟里，很少有整块平地。新的试验设备建成必须要建设新厂房来保证安装和使用，买地建房刻不容缓，冯绍周用了大约 3 年的时间，从下到上，逐级逐层请示、汇报、协调、商量，历经周折总算把新区的 100 亩办公用地及新区家属区的 20 亩家属宿舍用地购买下来。在改善了职工工作及居住环境的同时，使广大职工看到了研究所的发展前景，坚定了信念，稳定了队伍，树立了信心。

新区办公大楼落成之前，冯绍周因组织需要调离贵发所。1979 至 1982 年，参加英国斯贝发动机及鹞式飞机谈判引进工作，任中航技驻英国代表处代表。1982 至 1992 年，任中航技总经理助理。1992 年航空工业部授予他有突出贡献专家称号。2008 年，在贵州喷气发动机设计所建所 40 周年活动中，被该所职工推选为“建所 40 周年突出贡献奖”。

冯绍周于 1992 年 5 月离休，2011 年 11 月去世。

孟士才

孟士才（1919.7—1999.6），陕西米脂人，中国航空综合技术研究所（简称中航工业综合所）首任党委书记。1937年4月在原籍参加革命，1938年加入中国共产党。曾任自卫军营长、巡察队长和检查站长。在延安保卫处学习时被评为学习生产模范。1945年后，在东北解放军一至七分区任独立大队大队长、教导员、保卫科长。1952年在湖南62陆军医院任政委。1947年在辽吉五分区被评为工作模范，并受物质奖励一次。参加过四平保卫战，辽沈、平津、渡江、剿匪等战役和战斗。1953年赴朝作战，任中国人民志愿军第一战俘营政委。1954年在军委军事法院任审判员。1961年转业到第三机械工业部，1972年调至第三机械工业部301所任核心组第一组长，1975年10月任党委书记。1983年离休，1999年6月去世。

孟士才1972年调到301所，任核心组第一组长。任职初期，全国开展“批林整风”运动，此后进入“批林批孔”运动。研究所干部员工从“文化大革命”的经历中吸取经验教训，渴望安定，渴望干点事业。孟士才抓住这一特点，在运动中坚持“学政治不放弃科研”、“搞运动不影响群众”的原则，顺应群众对极“左”思潮和无政府主义的痛恨思想，全力保护稳定局面，转变工作中无政府主义的状态，营造积极向上的工作风貌。

1975年10月，研究所召开第一届党员大会，孟士才做工作报告，明确指出：“要认真贯彻中央军委《关于国防工业和部队装备问题汇报会的情况报告》精神，牢固树立军工产品质量第一的思想”，“要按照‘三老四严’的精神，认真提高我所各项工作的质量”。这次会议对动员全所党员发扬大干快上、艰苦创业精神，搞好标准化及新技术推广工作，起到了积极作用。孟士才当选党委书记。

1978年，为了贯彻落实全国科学大会精神，尽快把航空标准化和航空科技成果推广工作搞上去，孟士才抓住机遇，立即全面转变工作中心，组织召开研究所党委会，做出《关于加强科技工作的决议》，指出要“发挥党的政治工作的优良传统，把政治工作渗透到科研业务工作中去”，做好后勤工作，“党委要作为一项重要工作来抓，解决职工的后顾之忧，使他们专心致志地投入到科研工作中去”。这一决议，对落实科技大会精神，全面推进研究所科研工作起到了重要作用。

1979 年 5 月，研究所召开第二届党员大会，孟士才代表所党委做工作报告。报告特别强调指出，今后的任务是“从党委到各支部，要从多年来主要抓政治运动改变为集中主要精力抓科研，抓调整工作，在领导思想、领导作风、领导方法上来一个根本转变”。这次会议从根本上确立了所党委新的工作方向，激发了全体干部员工一心一意、同心同德、埋头苦干的激情，为航空标准化实现大发展，跨上新台阶，奠定了坚实的政治基础。

研究所建立初期，科研生产人才严重缺乏。当时许多知识分子受“文化大革命”的冲击，难以发挥作用。孟士才从工作出发，冒着风险，从干校、部机关调人，从外地院校引进人。认真落实党的知识分子政策，恢复技术职称，充分发挥他们的作用。党的十一届三中全会以后，在孟士才的领导下，所党委积极发展知识分子入党，到 1985 年，共发展 20 名知识分子入党，占同期入党人数的 87%。同时把许多知识分子选拔到领导岗位上，充分发挥了知识分子的才智，有效推动了科研工作的发展。

随着科研工作的逐步深入开展，尤其是参加国际标准化组织，引进美军标以后，研究所需要大量掌握外语，尤其是英语的人才，但当时所里的科研人员年龄老化，懂俄语的多。为了适应工作需要，孟士才组织全所开展大规模的英语培训活动。一是内部开办工程师英语提高班；二是外派到北航、西工大等单位学习，还有的送到国外进修，大大提升了科研人员的外语水平。

党委书记孟士才在 301 所第三届党员大会上讲话

研究所还积极筹措经费，购置微机，培训电脑知识，鼓励员工自学，参加北京市组织的自学考试，对表现好的给予一定的奖励和报销学费。在这些激励措施下，86 名员工取得补课合格证书，39 人通过了电大、业大统一考试，出现了全所员工努力学习、积极上进的新气象。大力开展培训工作，提升了员工的素质，为完成美军标移植、新技术推广工作培养了队伍和力量。

1975 年 12 月，三机部批复研究所调整任务及建设问题的报告，同意建筑面积为 16000 米^2。但是，完成建设任务极为不易。孟士才带领全体干部员工克服选址难等困难，最终确定在系统企业内划出一块地，经过两次征地、两次拆迁，四处求援，争取建设进度，硬是完成了这一任务。

在孟士才的领导下，经过 8 年努力，1982 年研究所新所区建设完成。搬迁以后，研究所在新的办公地点组建了产品标准室、基础通用室、工装标准室、可靠性与环境室、适航性室、新技术推广室、电展室、情报资料室、出版印刷室以及《航空标准化》《航空工艺》编辑部等，基础建设为航空标准化事业发展打下坚实基础。

孟士才于 1983 年离休，1999 年 6 月去世。

王宏俊

王宏俊（1916.6—1998.6），安徽六安人，3201医院革委会主任、党委副书记。1938年参加革命，1939年加入中国共产党。曾任新四军老八团卫生队看护长、淮南军区路西独立团门诊所所长、16团卫生队队长等。参加过反“扫荡”、反清乡和巢县战斗、占鸡岗战役。解放战争时期，先后任人民解放军102师医疗队队长，炮兵三师医务处主任、副处长，华东炮兵学校卫生科科长。参加过苏中战役、盐城战役、淮海战役和渡江战役。1952年9月赴朝作战，任中国人民解放军志愿军炮兵七师卫生处副科长、卫生主任，荣立三等功，并荣获朝鲜民主主义人民共和国颁发的军功章和三级国旗勋章及证书。1955年荣获三级独立自由勋章、三级解放勋章。1956年10月转业，相继任第二机械工业部甘肃张掖新厂筹建处医务主任，陕西机械厂（现中航工业西飞）职工医院副院长。1967年1月调汉中012基地，1973年3月任3201医院革委会主任、党委副书记。1977年5月任秦峰机械厂顾问兼职工医院院长。1983年离休。1988年获航空工业部颁发的“献身航空工业三十年”荣誉证书和证章。1998年6月去世。

1967年，根据党中央战略布局和第三机械工业部陕西地区办事处党委决定，在陕西汉中地区南郑县境内开始创建医院，服务对象包括第三机械工业部南郑、汉中地区所属企业、事业单位职工。南线医院按300张病床的规模设置，可先建150张床位，以后逐步扩大，门诊部设在各厂，南线医院不设门诊部。1月11日，012基地党委决定，南线医院（3201医院）由101厂代建，并决定王宏俊负责筹建工作。

1967年，王宏俊领导筹备组开始了3201医院的筹建工作，他组织和动员全体职工发扬自力更生、艰苦奋斗的优良传统，全力以赴投身于基本建设，发动职工参加搬运石灰、运石填基、粉刷等一系列大会战。

医院筹建期间，王宏俊带领筹建组成员，积极主动协调各种问题，克服了一切意想不到的困难，统筹规划，统一指挥，充分发挥党员的模范带头作用，圆满完成了组织交给医院的筹建工作，医院于1970年开诊。

从1967年到1985年，本着边建设边诊疗的原则，医院从无到有，医疗由局部到全面开诊。在各级党委的正确领导下，广大职工、三线战士共同努力，历经18个年头，终于建成了拥有固定资产588.31万元，医疗设备170台，办公设备21台，炊事机械设备8台，动力设备79台，机械设备3台，运输车辆12台，其他设备10台；病床392张，住院部10个科室即：内一、内二科，外一、外二科，中医科，传染科，小儿科，五官科，妇产科和手术室；全院职工505人，其中院领导干部6人，医务人员306人(医生96人、护士133人，其他医务人员77人)，政工、行政、后勤、工程技术、经济管理和学校教职员193人的中型综合性医院。

如今在几代人的共同努力下，3201医院建筑面积12万米^2，固定资产3亿元。现有职工1000余人，其中高、中级专业技术人员400余人，开放床位1000余张，设有40个临床医技科室，10个特色专科，2个研究所及陕南地区首家通过省卫生厅验收达标的洁净手术室、供应室。是陕南地区集医疗、教学、科研、急救、预防、保健、康复为一体的现代化综合性三级甲等医院。

1976年2月，王宏俊任3201医院顾问。1977年5月调秦峰机械厂任顾问兼任职工医院院长。1983年离休，1998年6月去世。

杨庆才

杨庆才（1923.6—1995.5），河北永年县人，国营华川电器厂（2002年12月与国营兴华电器厂整合为中航光电科技股份有限公司，简称中航光电）首任党委书记。1942年5月参加革命工作，1947年8月加入中国共产党。杨庆才参加革命后，先后担任区分队班长，县大队班长，冀南军区教导队学员，赣南县大队排长，冀南军区621团指导员，高炮18团三营指导员，雷达203团政治处主任、副政委等职务，先后三次立功受奖。1955年1月—1958年6月，在总政治学院学习。1965年6月担任三机部沈阳供应办事处政治处主任。1968年10月任国营兴华电器厂党委副书记。1970年8月调国营华川电器厂担任工厂筹建组组长，全面负责华川电器厂筹建工作，1973年3月被任命为华川电器厂党委书记。1983年12月离休，1995年5月去世。

1970年8月，第三机械工业部决定在河南省伊川县境内定点建国营华川电器厂，根据三机部和驻三机部军工管理委员会的决定，组建了以杨庆才为组长的华川电器厂筹建领导小组。由于当时人员少，机构设置极为简单，设有建设组、生产组和政工组，主要从事筹建前的准备工作。他们以“当年设计，当年建设，当年投产”为工作目标，实现了华川电器厂的首项历史成果。

1972年3月，随着工厂生产运营的逐步规范，为了适应国企军工化管理的要求，工厂进行了全面的军工化管理，4月成立了华川电器厂党的领导核心小组，并实行了厂、车间二级管理，工作重点以机构编制为主，并首次实施了党政分工的机构设置。

1973年3月，工厂成立华川电器厂党委和革命委员会，杨庆才被任命为华川电器厂首任党委书记和革命委员会主任。自此，工厂领导班子及机构在以后的5年中相对稳定，并致力于工厂生产技术的改造和产品的科研创新。

1978年6月，以杨庆才为党委书记的企业领导班子，根据三机部《对航空工业工厂管理体制调整的意见》，本着“精兵简政，统一集中指挥，采取压缩非生产人员进入生产一线，增加生产效益”的原则，进行了工厂的第二次机构调整，贯彻上级机关提出的党委领导下的厂长负责制。

杨庆才生活照

1980年1月，为适应企业行政领导责任制的工作和生产管理的需要，工厂党委根据形势，决定取消军管编制，恢复原车间主任、科长、党支部书记等称谓；同年8月，为适应改革新形势下的企业管理，工厂增设了企业管理教育办公室，不断加强职工的技术、业务和文化教育。

1982年初，党的十二大提出了全面开创社会主义现代化建设的新局面，并实行干部队伍的革命化、年轻化、知识化、专业化。工厂按照中央提出的政企分开，所有权和经营权适当分离的原则，在企业内部进行了以厂长（经理）负责制为主要内容的改革。工厂于同年7月和9月分别召开了首届职工代表大会和第二届党员代表大会，选举产生了以杨庆才担任党委书记的党、政领导集体。

杨庆才于1983年12月离休，1995年5月去世。

赵　灿

赵灿（1924.7—1992.4），江苏靖江县人，汉中螺纹及微型工具厂，后改为国营红峰工具厂（现陕西航空宏峰精密机械工具公司，简称中航工业宏峰）首任党委书记。1942年2月参加革命，历任江苏靖江县西来区路东联络组组长、乡农抗会主任、民运工作组组长、指导员、教导员、新斜镇镇长。1946年11月任江苏靖东区委常委。1948年10月任华东十兵团靖江新兵团政治部副主任。1949年1月任苏中地委和泰州市委工作组组长、苏中南下大队四中队党支部书记。1949年4月任无锡市委市政企业工作队队长，无锡市总工会组织部副部长、失业工人救济处处长、劳动局副局长、工改办主任、政法委仲裁委主任。1954年8月任长春第一汽车制造厂秘书科科长、工会组织部部长。1959年2月任国营第133厂（现中航工业吉控）第一副书记。1964年8月任苏州560厂党委书记。1966年4月任长风机械总厂党委副书记。1970年9月，任汉中红峰工具厂筹建领导小组成员；1973年3月，任国营红峰工具厂党委书记。1978年2月调苏州市劳动局任副局长、局长、党组书记。1985年12月离休，1992年4月去世。

赵灿在抗日战争和解放战争的严酷斗争岁月里，为抗击日本侵略者，推翻国民党反动派的统治，解放全中国，不屈不挠，英勇作战，不怕牺牲，多次荣立战功，受到军分区传令嘉奖，深受群众爱戴，为建立新中国做出了自己的贡献。

建国以后，赵灿坚决贯彻执行党的路线、方针、政策，积极响应党的三线建设号召，支援三线建设。1970年，赵灿任汉中红峰工具厂筹建领导小组成员，与筹建组成员一道，组织工厂建设。筹建初期，各方面条件都非常艰苦。他们不分白天黑夜，组织人员肩扛人抬，搬运建设物资；抢时间，抓进度，重点抢建1#至5#和11#、12#生产厂房。在3个多月时间完成9个厂房工程，建筑面积约5000米^2。随着主厂房的竣工，又及时组织福利区工程开始施工，1971年11月底福利区12个工号工程竣工，建筑面积9400米^2，为福利区工程的98%。至1971年底，竣工厂房正式供电投产，福利区工程全部竣工。

1971年7月15日，上级规定工厂生产任务：为航空工业系统配套生产螺纹工量具14种产品，年产量为127.17万件（副）。

赵灿（前排左四）工作照

在赵灿的带领下，工厂边建设边生产，从建设厂房到开工投产，仅用了短短的半年时间就生产出机用丝锥、圆板牙、钻头等产品共21790件。

1973年8月，工厂转入生产发展阶段，赵灿积极组织调研组和生产工人外出调研和培训，自制专用设备，试制生产0～300mm游标高度尺和0～25mm外径千分尺，并投入批量生产。

在赵灿担任国营红峰工具厂第一任党委书记期间，工厂从建设到投产，以及批量生产，研制出丝锥、螺纹环塞规、滚丝轮、螺纹千分尺、高度尺、卡尺等17种产品，共计产值1198万元，实现利润99.6万元。

1978年2月，赵灿调苏州市劳动局任副局长、局长、党组书记。1985年12月离休，1992年4月去世。

郭成行

郭成行（1928.7—1990.7），河南省范县人，航空工业中心医院（现航空总医院，简称361医院）筹建组组长、首任党委书记。1942年9月在原籍参加革命，1944年3月加入中国共产党。1945年8月参加中国人民解放军，在冀鲁豫军区第七分区汶上大队任文化干事、副政治指导员、政治指导员、组织干事，某军区太西分区东平大队副政治委员。解放战争中，因作战勇敢荣立三等功一次，并获三级解放勋章。抗美援朝期间，在志愿军后勤旅四分部任干事、副股长、股长、军官教导队副政委、政治部青年科副科长。1956年5月调任沈阳军区后勤旅大分部政治部青年科科长。1964年被授予中校军衔。1965年6月，集体转业到第三机械工业部工作，任国防部航空研究院第六研究所（现中航工业航材院）研究室指导员。1973年4月调到航空工业中心医院任筹建组组长、党委书记，1979年9月任医院顾问。1982年11月离休，1990年7月去世。

1972年11月17日，国务院、中央军委同意民航和航空研究院在下属单位比较集中地区各组建4所100张床位的医院。1973年3月27日，确定北京地区组建番号为中国人民解放军航空研究院北京医院（现航空总医院）。1973年4月，空军党委同意在北京市朝阳区建设医院，隶属于第三机械工业部。航空研究院党的核心小组决定成立医院筹建领导小组，在院务部领导下开展工作。北京地区医院筹建领导小组由中国人民解放军第621研究所（现中航工业航材院）研究室指导员郭成行任组长。

1973年12月15日，第三机械工业部下达《关于六院四所医院设计任务书的批复》，对医院的主要指标和建设地点做出规划，医院编制定员156名，总面积9050米^2，其中医疗辅助用房面积5150米^2，生活用房3900米^2。设置100张病床，并附设门诊部，医疗辅助部分如放射、化疗、理疗、药房等科室。医疗器械设备费30万元。建设总投资230万元。医院的主要任务是负责收治北京地区所属单位的伤病员、职业病患者，对疑难病患者进行门诊和会诊。设置部分干部病房，北京医院兼有中心医院性质。1974年4月8日，三机部批复北京医院在航空研究院北苑营区内建设，并在北京召开了医院筹建工作会议，确定了医院建设规模等问题。

1975 年，郭成行领导筹建组开始了航空工业中心医院的筹建工作。为加快医院建设速度，加强党的一元化领导，更好地推动医院的筹建工作，1975 年 2 月 15 日，航空研究院批准成立了医院临时党委，郭成行任临时党委书记。

郭成行在担任临时党委书记期间，自觉维护党的团结，提倡坚信党的领导，坚决执行党中央的一切决定，增强党的观念，加强组织纪律性。党委对重大问题坚持要经过充分的讨论，再做出明确决定，按照党委集体领导下首长分工负责制，分头办理，防止个人决定重大问题的错误做法，提倡团结是党的生命线。

筹建组成立以来，由于国内政治状况、国民经济遇到暂时困难等因素的影响，医院筹建工作极为缓慢。1976 年至 1978 年，医院筹建工作完全停顿。在此阶段，医院临时党委会曾多次打报告给航空研究院党委及三机部党组，解决医院存留问题。1979 年，在三机部、航空研究院领导及上级机关的关怀和支持下，医院建设正式列入国家计划项目。医院在筹备组临时党委的领导下，团结一致把工作重点转移到医院建设上来，以基建工作为中心，在政治思想工作、医务人员培训、行政管理等方面积极开展工作。

1979 年 6 月 16 日，三机部正式下达设计任务书，领取了施工执照，签订了施工协议，为 1980 年治疗楼的施工打下坚实的基础。

医院筹建期间，郭成行和院领导班子带领筹建组成员，积极主动协调各种问题，克服了一切意想不到的困难，统筹规划，统一指挥。充分发挥党员的模范带头作用，即便身患重病，仍然坚持圆满完成了组织交给的医院筹建工作。经过全院干部职工 14

1984 年 10 月郭成行（前排左五）参加航空工业中心医院第一次党员大会

年的不懈努力，航空工业中心医院于 1987 年 11 月举行开院典礼。医院历经近 40 年的发展，目前已成为集医疗、教学、科研、预防为一体的二级甲等综合医院，是北京市规划十大发展区域之一的北苑边缘集团区域医疗中心、联合国和卫生部授予的爱婴医院、中国医院协会授予的“全国百姓放心示范医院”、北京市首批社会医疗保险定点医疗机构、北京中医药大学教学医院、中央国家机关文明单位。2010 年 12 月 18 日，“航空工业中心医院”正式更名为“航空总医院”。航空总医院能开展大部分三级医院水平的医疗项目，部分已达到国内先进水平。医院始终把医疗质量、安全放在第一位，数十年为航空系统职工及周边居民提供了方便、快捷、周到的医疗服务。

1979 年 9 月 28 日，郭成行任医院顾问。1982 年 11 月离休，1990 年 7 月去世。

红 士

红士（1922.11— ），曾用名李金锋，山东博平人，国营风雷机械厂（现贵州风雷航空军械有限责任公司，简称中航工业风雷）首任党委书记。1937年11月在山东聊城参加革命，1938年1月加入中国共产党。历任八路军山东滨海区政治部分队长、宣传队长、团青年参谋等，在江苏省东海县荣立二等功。1942年在山东党校学习，任党小组长、党支部委员。1947年在滨海区地委宣传部任干事，后调中央连云港市一区任区委书记、滨海区东海县白河区任区委书记。1948年起先后在人民解放军华东野战军浙江一中队任党支部委员，在浙江义乌县任县长，浙江金华专区任政治室主任、人事科长。1954年支援国家重工业建设，任国营第112厂（现中航工业沈飞）车间党支部书记，沈阳水泵厂党委书记，沈阳市委审干办公室组长，沈阳市钢铁厂党委书记，沈阳市工具工业公司党委书记。1970年调至贵州011基地，任国营云马机械制造厂副厂长，1973年4月任国营风雷机械厂党委书记，基地物资供应管理站党委书记。1983年离休。1988年获航空工业部颁发的“献身航空工业三十年”荣誉证书。

国营风雷机械厂建于1970年，1973年4月第一次党代会选举产生了第一届党委会，红士任党委书记。3年来，工厂在党委领导下，遵照毛泽东主席“三线建设要抓紧”的教导，在建厂过程中，坚持“自力更生、艰苦奋斗”的方针，广泛发动群众，大打人民战争，加强党的一元化领导，设计、施工、生产三结合，实现五统一，苦战70天盖起了17000米^{2}厂房。工厂主要依靠自己的力量，完成了土建安装，工艺布置和水、电、气、暖四通任务。

建厂工作中，在红士和工厂党委的领导下，广大党员、职工、家属、青年和学生紧密配合施工队伍，废寝忘食，白天积极苦干，晚上经常大会战到深夜。在抢运400万块砖的战斗中，广大职工、家属不讲条件，不讲报酬，没有雨衣顶着大雨干，鞋陷进泥里就光着脚卸。当时还有部分工人，工作时间坚持生产，中午休息时间参加卸砖。一次抢运水泥，夜战到凌晨3点多钟，100多人卸了250吨水泥。有的女同志体弱，一袋水泥扛不动，被压倒了，翻身爬起来抱着就走。施工队伍撤走后，工厂组织转复军人、大学生和徒工200多人，自己动手，在干中学，盖起了几栋共7000多米^{2}的家属宿舍，解决了进厂工人住宿的需求。在全厂职工的共同努力下，建起了厂房和大批宿舍。1972年的施工面积为14300米^2，竣工面积9251米^2，并且基本上完成了厂房的收尾工程，进厂设备达到设计要求的84%。

红士工作照

在基本建设中，工厂注意从全局出发，做到办工业不忘记“以农业为基础”，不占良田好地，主动支援农业，原补征土地 170 亩，经过调整方案劈山平岩建工厂，节约用地 92 亩，并帮助农民立了抽水站，减少因占地给农民造成的损失，有力地加强和巩固了工农联盟。

1971 年，在狠抓厂区基建收尾的同时，红士和工厂领导班子积极创造条件，把重点投入到生产准备工作中，正式打响了试生产的战斗，实现了当年建设、当年投入试制，多快好省搞建设。在试制两个产品的战斗中，全厂同志排除种种困难，在兄弟单位的大力支援下，终于在 1971 年 12 月 26 日试制成功，并生产出 14 套。1972 年开始投入批生产和试制 2 项新产品的任务。

截止到 1973 年，在红士等老领导的带领下，工厂各项经济指标不断上升，工业总产值 56 万元，年产军品 1040 套，全员劳动生产率为每人 367 元，实现利润 8 万多元。

红士于 1983 年离休。

刘怀英

刘怀英（1933. 8—1995. 11），辽宁本溪人，国营东风仪表厂（现陕西华燕航空仪表有限公司，简称中航工业华燕）首任厂长。1948 年 8 月参加革命，哈尔滨军工学校学员。1949 年 2 月加入中国共产党，同年 4 月任旅大建新公司研究员、设计员，1950 年获得先进生产者奖。1951 年 3 月任第二机械工业部航空工业局计划组组长。1953 年 9 月赴中国人民大学学习，并获得学习模范奖。1954 年 7 月任二机部航空工业局审干办公室副科长、科长。1957 年 4 月任宝成仪表厂（现中航工业宝成）计划科长、生产科长。1970 年 12 月调入国营东风仪表厂（1972 年改为国营华燕仪表厂，简称华燕厂）任生产组负责人，1973 年 4 月任华燕厂厂长、党委副书记、革委会主任。1976 年 2 月调入陕西省三机局任副局长。1980 年 1 月任中航技广州分公司副总经理兼党委副书记，1985 年任总经理，1992 年任董事长。1991 年被授予航空航天工业部劳动模范称号。1995 年 5 月离休，1995 年 11 月去世。

1970 年 12 月，刘怀英调入国营东风仪表厂任生产组负责人，主要负责工厂基础设施建设和产品生产工作。国营东风仪表厂作为国家三线建设的企业，厂址选定在陕西省汉中地区南郑县新集区花山乡。刘怀英到厂后，带领着生产组同志与工程连、基建连、供应运输连、后勤连及三线战士营等同志参与到基建大上的工作中去。他和职工们风餐露宿，吃的是冷饭，住的是工棚。然而，正是有了这种艰苦创业的大无畏精神，工厂用 3 年时间自行解决了砖材供应不足和建设资金短缺的问题，自建了一座黏土砖窑，共烧制红砖 200 余万块，为建设厂区和福利区奠定了坚实基础。

1973 年 4 月 14 日，刘怀英被任命为国营华燕仪表厂厂长，党委副书记。同年 7 月，随着军管人员的撤离，工厂成立了革命委员会，刘怀英任主任。在这一时期，工厂开始实行党委集体领导下的厂长分工负责制，中心工作是基建工程收尾及产品试制。刘怀英主持基建收尾工作，他组织全厂职工掀起自力更生保收尾的热潮，自行建成了挡土墙和排洪排水沟，架设了场外电力电讯线，铺设了厂区路面，并完成了测试设备、制造厂房的基建实施工程，在福利区建筑了 7 栋职工家属宿舍楼，并自办了铸铁生产厂，有效解决了厂区和福利区的水管安装问题。刘怀英为工厂早日投产做出了突出贡献，并多次受到012基地办事处的表扬。1973年12月，第三机械工业部颁布正式文件同意工厂建设工程全面竣工验收。

在科研生产方面，从1970年开始，华燕厂根据“边基建边生产”的方针，开始试制两种伺服微电机。1971年1月正式开始试制全液浮加速度计，并于1973年生产定型，进入批生产阶段。同时，工厂坚决执行“更新一代、研制一代、预研一代”的方针，在开发微电机和加速度计的基础上，大力预研陀螺系列产品，包括燃气陀螺、挠性陀螺、速率陀螺仪等。1974年4月，刘怀英带领科研技术人员投入到了挠性陀螺研制过程中，经过方案选定完善、图样设计及样机的加工试制，历时8个月的紧张研制，挠性陀螺试制成功，并转入了批生产。随后，为填补当时我国机载惯性导航设备的空白，以成功研制挠性陀螺为契机，1975年刘怀英提出，要以新品试制和预研为重点，以自行设计、研制惯导系统基础元件为主攻方向，力争分析测绘LTN-51，积极投入运8大会战中去。为此，刘怀英和各级领导干部一起充分调动广大职工的积极性和创造性，在运8会战中，提出了“决不让运8会战的列车在华燕厂晚点”的口号，全厂职工奋战了无数个昼夜，保质保量提前完成了既定目标。与此同时，刘怀英狠抓厂区基建收尾工作，全面完成了国家下达的生产基建计划。

刘怀英要求科研技术人员坚决贯彻航空工业部“更新一代、研制一代、预研一代”的方针，特别是新品预研工作上，刘怀英将生产工人、技术人员和领导干部有机结合起来；将生产单位、科研单位、使用单位有机结合起来，有效解决了新品研制中的技术问题，大大提高了生产效率和产品质量。

1976年2月，刘怀英调入陕西省三机局任副局长。1980年1月，刘怀英被调到中航技广州分公司担任副总经理兼党委副书记，先后主持和参加筹建航空工业在深圳、珠海的工贸中心工作，1982年开始主持广州分公司工作。他利用广东的特殊政策和灵活措施，通过联营进口，积累了资金，为广州公司的发展创造了一定的物质条件。1985年，刘怀英就任该公司总经理。他认真落实“以出口为中心，工贸结合，技贸结合，多种经营”的业务指导方针，依靠航空工业的生产能力和技术开发能力，扩大和发展出口，组织建设自己的外贸出口基地，通过合资生产、合作生产、三来（来料、来样、来件）加工和补偿贸易，建立外销渠道，引进技术和管理，发挥航空工业的窗口作用。他大胆开拓，克服了市场、资金、技术等一系列困难，经过几年的努力，在黄埔开发区建起了12000米^{2}的厂房，办起了5个新的企业，形成了年出口1000万美元的生产能力。经过几年的摸索，他提出了方针、市场、基地、经营方式、工作环节等一套经营思想体系。他重视改革，建立了适应总经理负责制的指挥系统，中层干部实行定期考核和聘任，并相继建立了60余项管理制度和50多个岗位责任制，对于调动职工积极性，增强干部的责任感，开创外贸的新局面发挥了重要的作用。

刘怀英工作照

中航技广州分公司1989年出口突破千万元，达到1200万美元，1990年出口交付1500万美元。1992年广州分公司更名为“中国航空技术进出口广州公司”，刘怀英担任董事长。

刘怀英于1995年5月离休，1995年11月去世。

刘安美

刘安美（1926.9— ），山东龙口人，国营险峰机械厂（现陕西航空硬质合金工具公司，简称中航工业陕硬）首任党委书记。1946年10月加入中国共产党。1947年3月—1951年5月，在中国人民解放军工厂先后担任钳工、司机、学员。1947年先后两次荣立三等功。1951年6月—1959年9月，先后担任111厂装配工、工长、调度室主任、车间主任、科长。1966年11月—1970年2月，担任480厂筹建组组长。1970年3月—1973年4月，担任470厂革命领导小组副组长。1973年5月调入国营险峰机械厂任党委书记兼革委会主任。1987年6月离休。

1973年，刘安美被调到国营险峰机械厂担任党委书记兼革委会主任。此时国营险峰机械厂已初步完成了筹建时期的历史任务，逐步由基本建设转入生产时期。刘安美本着“加快步伐，全面发展”的目标，首先抓领导班子建设，开展了党委、革委会班子的开门整风，解决了领导班子中存在的“软、散、懒”的问题，使党委班子加强了团结，统一了思想，增强了信心。同时，还针对工厂不同时期的形势任务，在职工中开展思想教育活动，激发职工搞好生产的热情，并使广大职工安心三线建设，工厂的生产形势迅速得到了好转。1975年，工厂生产专用刀具以及各类复杂刀具，实现利润5.5万元，产值比1974年增加88%，工厂摘掉了亏损的帽子；基本建设投资额完成计划的107%，比1974年增长34%。同时，在党委领导下，身为革委会主任的刘安美继续抓基本建设的修补、补充和扩建工程，并组织新建了职工医院、子弟中学和职工家属楼。

1976年，根据上级精神，刘安美组织工厂开展“工业学大庆”活动，使得全厂职工的精神面貌发生了较大的变化，涌现出干一行爱一行的模范职工徐凤云等一批“以厂为家、大公无私”的先进典型。刘安美代表工厂党委做出决定，在全厂范围内开展“远学王铁人，近学徐凤云”的活动，全厂出现了“比、学、赶、帮、超”的新局面，推动了生产形势的稳步发展。

国营险峰机械厂局部投产后，面临的第一次生产性的考验，就是运 8 工装会战。在这次会战中，刘安美代表厂党委传达了 012 基地运 8 会战会议精神，并组织工厂党委做出了《全力以赴为“运 8”会战做贡献》的决定，号召全厂职工立即行动起来，确保运 8 工装指令性计划的按时完成。当时，工厂仍处于边基建边生产的阶段，虽已投产，但生产线未能完全形成，加之技术力量薄弱，对飞机工装的制造又缺乏实践经验，困难比较多，把握性不大。刘安美和党委领导班子认为：“我厂是 012 基地所属工具厂，应承制主机厂工具的绝大部分，这是不可推卸的责任。”因此，工厂下定决心立即行动，采取了积极有力的措施，保证了工厂承担的运 8 会战任务顺利进行。

运 8 工装生产，除一般航标刀具外，绝大多数为专用刀量具，品种多、数量少，难度较大。工厂经过 1 年多的努力，克服了基础差、技术薄弱的困难，顺利地完成了“会战”任务。在会战中，对十字槽量规、锥度量规等精度要求高、难度大的量具，工厂采取老工人、技术人员和干部三结合的方式进行攻关，克服了重重困难，保质保量按时完成任务。对刀具，特别是在生产大型镶齿型面盘铣刀的过程中，调动刃磨工种老师傅的积极性，想方设法完成了任务。螺旋拉刀品种及规格多，数量少，并且又细又长，加工难度大，工厂组织了三结合小组，及时攻克了一些技术难关，保证了运 8 工装会战的顺利进行。运 8 工装会战任务的完成，不仅是对国营险峰机械厂土建和安装工程的又一考验，更重要的是对工厂生产、技术、工艺、生产组织及企业管理水平

刘安美生活照

的一次考验，为工厂技术、生产组织和管理水平的提高，打下了较好的基础，也为工厂的生产组织积累了一定的经验。

在国营险峰机械厂工作期间，刘安美一直担任党委书记，直至1987年6月离休。2011年4月，刘安美荣获中国航空工业建立60周年纪念奖章。

张吉田

张吉田（1927.2—2003.12），辽宁新金人，国营朝阳机械厂（原012基地所属企业）首任厂长。1945年10月在原籍参军，曾任东北民主联军十师30团战士、警卫员、班长、排长，沈阳空军“鲁班”部队第三中队股长。1951年11月转业，历任沈阳111厂运输股长、管理科副科长。1958年11月—1960年9月，在沈阳市委党校初级部学习。结业后调成都新都机械厂，先后任运输科第一科长、党支部书记。1966年11月参加建设“三线”，调汉中012基地，相继任012基地汽车运输修配厂筹建领导小组成员，1972年4月任朝阳机械厂党的核心小组成员，1973年9月起任革委会主任、党委副书记、代厂长，1978年8月起任厂长。1981年10月以后，先后任顾问、调研员。1987年12月离休，2003年12月去世。

张吉田自1966年11月参加三线建设，先后担任国营朝阳机械厂党的核心小组成员、革委会主任、党委副书记、代厂长、厂长。在此期间，初期协助军管组工作。军管组撤离后主持工厂革委会全面工作，在党委领导下团结带领革委会班子成员，开展企业初期创建工作。

国营朝阳机械厂（简称朝阳厂）是为了保障012基地各厂基本建设运输车辆大修理的需要，第三机械工业部批准在基地0151车队的原址上改建012基地汽车大修厂，1970年8月成立。由于无总体规划，且原车队房屋简陋，承担汽车大修任务需修建大跨度的工业厂房及其他一系列的配套设施，基建任务很重。由于当时各新建三线企业正处于大干快上的高潮时期，多数企业基建是由基建工程兵、省建筑公司施工的。朝阳厂属于后期新建的企业，基建任务委托给地方县级建筑公司承担。县级建筑公司对于承接大跨度的工业大厂房还是第一次，技术力量薄弱、设备条件简陋、劳动能力不足，要保证按期竣工交付困难很多。张吉田和革委会班子成员，组织带领工厂干部职工，全力以赴配合地方建筑公司工作。组织专人坐镇阳平关转运站调运基建材料，同时组织工厂职工装卸搬运水泥，到砖窑场装运砖块，挖厂房地基、夯基础、和水泥粉刷墙面等。为了加快施工进度，与建筑公司密切配合，挑灯夜战、加班加点，冒酷暑、战严寒，完成了一期工程两栋厂房、两栋住宅楼和食堂的建筑任务，并依靠自己的力量，完成了风水电气的管道、线路的地下铺设和空中架设任务，为国家节约了基建投资，为工厂尽早投产赢得了时间。

1973年以后，由于012基地各厂大规模基建任务基本完成，加之阳安铁路通车，汽车大修任务逐渐减少，工厂生存发展处于窘迫之境。张吉田不怨天尤人，积极组织开发生产汽车轴瓦、举升泵等汽车零部件。1975年，国家为加强战备，决定在全国8省市动员生产85毫米气缸尾翼式破甲弹。党委书记田云代表企业参加了上级召开的会议，接受了动员任务。张吉田认真贯彻党委决定，领导和带领革委会成员全力以赴组织生产。亲自抓协调、抓落实，组织了两次全厂性突击会战，完成了工艺技术资料的准备和工装制造，提前完成了生产准备。在生产试制、批量生产过程中，张吉田坚持在一线组织协调，全厂上下团结一致，克服困难，圆满完成了上级交给的生产任务。

1979年，上级下达紧急战备任务，产品数量由过去的每年1~2个批次，一下增加到当年8个批次。时间紧、任务重，工厂党委提出“一切为了前线，一切为了战备生产”的口号。张吉田认真贯彻党委精神，组织全厂大会战。机关干部深入一线指挥生产、服务生产，生产线班班有车间领导带班，后勤食堂一天开五次饭，科室人员打毛刺、除屑渣，装车搬运。经过全厂干部职工的努力奋斗，工厂超额完成了紧急战备计划任务，受到国务院国防工办的通报表扬，并被评为军工动员生产先进单位，颁发了奖状。

张吉田于1987年12月离休。1988年获航空工业部颁发的“献身航空工业三十年”荣誉证书。1999年获中共陕西省委颁发的“献给共和国创立者”纪念中华人民共和国成立50周年纪念章。2003年12月去世。

曹同乐

曹同乐（1920. 02—2003. 11），江苏丹徒人，第三机械工业部第611研究所（现成都飞机设计研究所，简称中航工业成都所）首任党委书记。1939年9月投身革命，1940年4月加入中国共产党。曾担任新四军20旅51团2营副指导员，新四军六纵队71师211团3营指导员，华东野战军24军17师49团营长、副参谋长、参谋长、副团长。建国后，历任空军某团副团长、团长，空军某干部部部长，第六航校物资保证部部长，第三航校副参谋长，第17航校校务部长、副校长，第13航校副校长，西安飞机设计研究所政委。1973年10月—1974年12月，任第三机械工业部第611研究所党委书记。1976年5月调空军气象学校任副校长。1981年4月离休，2003年11月去世。

曹同乐曾参加过皖南突围，莱芜战役，孟良崮战役，临汾、南麻、运城保卫战，淮海战役，渡江战役，抗美援朝等。一生忠于党、忠于祖国。在革命战争年代，作战勇敢，作风顽强，多次出色完成战斗任务。在和平建设时期，积极探索航空知识，指导部队建设。在611所工作期间，积极抓好政治思想工作，与班子成员一起，带领大家克服建所初期人员少、设备简陋等各种困难，圆满完成了各项基本建设、科研生产任务。离休后，注重政治学习，加强自身修养，表现了共产党人生命不息、奋斗不止的高尚品德。

曹同乐于1981年4月离休，2003年11月去世。

田　云

田云（1926.9—　），河北灵寿人，国营朝阳机械厂（原012基地所属企业）首任党委书记。1944年8月在原籍参加革命，1946年加入中国共产党。曾任河北省灵寿县四区小学教员，行唐一区土改队员、区政府财粮助理员。1949年1月随军南下，历任安徽省贵池县城关区委宣传委员、七区区委书记兼区长、县公安局秘书、土改工作队队长、人民法庭四分庭审判长。1951年8月起先后任华东森林管理局皖南区林产公司秘书，屯溪办事处秘书科长，芜湖办事处副主任、代主任。1954年10月调入沈阳航空喷气发动机厂（现中航工业黎明），历任副科长、科长、厂办公室主任、机关党总支书记、厂总机动师。曾两次被评为厂先进工作者、劳动模范。1965年8月调任汉中012基地安中机械厂党委书记兼厂长。1970年8月调至012基地国营朝阳机械厂，1972年4月任党的核心小组副组长，1973年11月任党委书记、调研员。1986年9月离休。

田云于1973年11月任国营朝阳机械厂党委书记。田云在国营朝阳机械厂创建初期，注重发挥党委班子成员的作用，加强党的组织建设和职工思想政治工作，充分调动和发挥职工的积极性和创造性，为创建企业打好组织基础和思想基础。党委及时建立健全了党委工作机构和党支部，成立了工会组织、共青团组织。并将职工思想建设的重点放在教育广大职工树立"一不怕苦、二不怕死"的思想，带领职工以勤俭建厂、艰苦奋斗的革命精神，全力以赴进行"三线建设"。

建厂初期的基建工作，是要在012基地0151车队的原址上，脱胎换骨改建成为具备汽车大修厂能力的汽车修理厂即国营朝阳机械厂，基建任务很重。田云多次召开党委和革委会成员会议，统一认识、统一思想，决定动员全厂党组织、工会和团委的力量，对建筑公司给予支持和协助。他们组织专人坐阵阳平关转运站调运基建材料，同时组织工厂职工装卸搬运水泥，到砖窑场装运砖块，挖厂房地基、夯基础、和水泥粉刷墙面等。为了加快施工进度，与建筑公司密切配合，挑灯夜战、加班加点，冒酷暑、战严寒。完成了一期工程两栋厂房、两栋住宅楼和食堂的建筑任务，并依靠自己的力量，完成了风水电气的管道、线路的地下敷设和空中架设任务。为国家节约了基建投资，为工厂尽早投产赢得了时间。田云为国营朝阳机械厂的创建做出了积极贡献。

1973 年以后，面对汽车大修任务逐渐减少的情况，田云和党委班子成员不等不靠，领导和组织开发生产了汽车轴瓦、举升泵等汽车零部件。1975 年，田云代表企业承接了生产 85 毫米气缸尾翼式破甲弹任务。他及时组织工厂党委、革委会统一思想，并召开干部职工会议进行思想教育，明确工厂的态度和决心。外出调研、生产准备、试制生产、批量生产，干部坚持在一线组织指挥协调，开展劳动竞赛，组成领导、技术人员、老工人三结合的突击队。全厂上下团结一致，群策群力，自力更生克服困难，圆满完成了上级交给的生产任务。

1979 年，上级下达紧急战备任务，厂党委立即召开会议，提出“一切为了前线，一切为了战备生产”的口号。采取调整充实战备生产线，集中精兵强将打歼灭战；以战备任务为中心，开展劳动竞赛；机关干部深入生产一线，指挥生产、服务生产三条措施。全厂紧急行动，生产车间领导带班，各班组白班接着夜班干。机动部门不到 20 天移装设备 19 台，架设动力管线，突击完成新建一条生产线。后勤食堂一天开 5 次饭，炊事员还把热饭菜送到机床旁。机关干部坚持晚间跟班、加班，在办公室或车间过道将一箱箱零件打毛刺、清除屑渣，装车搬运。正是这种团结奋战的精神、爱国主义热忱，工厂超额完成了紧急战备计划任务。受到国务院国防工办的通报表扬，并被评为军工动员生产先进单位。

田云 1986 年 9 月离休。1988 年获航空工业部颁发的“献身航空工业三十年”荣誉证书。1999 年获中共陕西省委颁发的“献给共和国创立者”纪念中华人民共和国成立 50 周年纪念章。2005 年获中共中央、国务院、中央军委颁发的“纪念中国人民抗日战争胜利 60 周年”证章。

杨　俊

杨俊（1918.4— ），湖南黔阳县人，航空计算技术研究所（现西安航空计算技术研究所，简称中航工业计算所）党委书记、革委会主任。1937 年 2 月毕业于湖南长沙省立高级工业学校化学科。1937 年 12 月在山西赵县入伍参加革命，1938 年 6 月加入中国共产党。在部队期间历任晋东南特务团政治处宣教股股长、河南涉县独立大队教导员、八路军营指导员、华北补训三旅政治部组织科科长、解放军炮兵团政治委员、南京高射炮学校政治部主任等职，1955 年 8 月被中国人民解放军炮兵司令部授予三级独立自由勋章和三级解放勋章。1963 年 3 月，调至国防科委航空研究院第五研究所（现中航工业导弹院）工作，担任政治部主任、核心小组副组长。1973 年 11 月被任命为航空计算技术研究所党委书记，1975 年 6 月，担任党委书记、革委会主任。1979 年 6 月调至江苏省南京工学院（现东南大学）担任党委书记、副院长。1983 年 12 月退出领导岗位。1985 年 12 月在南京工学院离休。

1973 年 11 月，受上级组织的委派，杨俊来到航空计算技术研究所（简称计算所）担任党委书记。当时正处于“文化大革命”的后期，杨俊带领党委一班人，顶着激烈的派性争斗压力，凭借着丰富的思想政治工作经验，团结计算所的全体干部、职工，排除各种干扰，克服重重困难，完成了许多重要的科研生产任务，为正处于起步阶段的计算所注入了生机和力量。

由于计算技术的飞速发展，计算所仅有早年自行研制的一台 104A 计算机，已不能满足航空研究院内几个主要研究所算题任务的需求。为了打破这一僵局，按照航空研究院“关于计算所自行研制用于大型科学研究项目、航空工程以及其他工程计算的大型通用数字电子计算机（代号为 735，以下简称‘735’计算机）”的要求，计算所积极组建了逻辑、运控、总控、内存、通道、外设、电源、机械结构 8 个专业组共 50 余人的科研团队，全面开展了“735”计算机的研制攻关工作。杨俊带领党委班子勇担重任，以大局为重，以科研生产为中心，积极做好干部、职工的思想政治工作，想方设法维护所里的安定团结，竭尽全力组织科研生产。在所党政的领导下，广大科研技术人员通过 3 年多的刻苦钻研和不懈努力，大型通用电子数字计算机——“735”计算机研制成功，它成为国内第二台百万次小规模集成电路计算机。它的研制成功标志着计算所由研制晶体管计算机向研制集成电路计算机的过渡，为广大科研技术人员提供了科学研究的实践机会，为计算所的发展壮大造就了一批专业骨干人才。

作为党委书记，杨俊紧密结合计算所科研生产的工作实际，大力开展促进计算所团结发展的有益活动，有效营造了所里团结向上的良好氛围。1975 年 2 月，所党委举办了中层干部、理论骨干、先进单位和先进个人代表学习班，召开了“学理论，抓路线，工业学大庆动员大会”，在所内掀起了工业学大庆群众运动的新高潮；1975 年 7 月，为了充分发挥共产党员在科研生产各项工作中的先锋模范作用，所党委在全体共产党员中广泛开展了“重温入党志愿书”活动，有效激发了广大党员的责任感和使命感；1975 年 8 月，为了加强党组织的思想建设，迅速改变计算所的落后面貌，所党委按照上级党组织的要求开展了“开门整风活动”，反对派性、增强党性，充分发挥党的优良作风，为科研生产中心工作的有序开展提供了强有力的思想、政治和组织保障。

1975 年 6 月，杨俊被陕西省委组织部任命为计算所党委书记、革命委员会主任，负责主持全所党务和行政工作。1976 年 7 月，第三机械工业部航空研究院向计算所下达了假定轰炸系统设备研制任务，它是计算所正式归属第三机械工业部航空研究院后，第一次承担的直接为空军研制计算机的重点课题。面对艰巨的研制任务，杨俊会同班子成员积极组织了由 22 名科研人员组成的研制团队，于 1976 年 7 月全面启动了研制工作，1979

杨俊生活照

年9月完成了研制任务，11月由空军司令部和航空研究院组织对该系统的方案和设备研制、试飞成果进行了鉴定。此设备交付空军试用，并同意投入小批量生产，装备部队。1979年该项目中的计算机荣获了第三机械工业部科技成果奖，1980年又荣获了国务院国防工办重大改进二等奖。在历时两年多的科研攻关过程中，杨俊以他丰富的管理经验，团结带领班子成员和广大干部、职工，逐步恢复了被“文化大革命”影响的科研生产秩序，建立了一套科学、有效、适应计算所工作实际的科研生产管理体系。

1977年11月，杨俊等组织召开了计算所首届科学大会，全面总结了建所19年来科研生产工作所取得的成绩和经验，并紧密结合国防现代化和社会主义建设的需要，制定了计算所“三年、八年、二十三年科技发展规划和设想（草案）”，确立了计算所长远奋斗目标，为计算所后续的科学发展奠定了坚实的基础。

1979年，在杨俊等的积极协调下，计算所结束了科研生产方向、任务长期不够明确的徘徊局面，开始从事机载计算机及其系统的研制和软件开发、计算方法的研究及应用程序系统的研制，从此计算所走上了科研生产新的发展阶段。

1979年6月，因工作需要，杨俊被调至江苏省南京工学院担任党委书记、副院长。1985年12月离休。

张 杰

张杰（1923. 1—2008. 12），山东临沭人，中航工业襄樊医院（364 医院）首任党委书记。1940 年在原籍参加革命，1943 年 10 月在部队加入中国共产党。1942 年 10 月任山东临沭县大兴区文教民政科文教助理，1943 年 4 月任山东滨海区政干队学员、秘书处股长。1946 年 6 月任东北抗联辽东军区司令部秘书、秘书处股长。1947 年后任北海新兵团、东北第三纵队炮兵团政治指导员、青年股长、文化股长、宣教股长等。1950 年 10 月赴朝作战。1951 年 2 月回国后任 39 军炮兵 45 团宣传股长、炮兵第五文化速成中学训练处副处长、炮兵 21 师文化速成小学教务处主任、炮兵第二文化速成中学训练处副处长等。1955 年 9 月被授予独立自由奖章和三级解放勋章。1957 年 12 月任沈阳第五炮校教研室主任。1962 年 10 月调国防部航空研究院第一研究所（现中航工业沈阳所）任教研室政治委员。1965 年 6 月任国营伟建机器厂（现中航工业哈飞）设计科政治教导员。1968 年 9 月任航空救生研究所筹备组负责人。1972 年 4 月任襄樊医院筹建组副组长，1974 年 8 月任筹建组组长、党委书记。1988 年获航空工业部颁发的“献身航空工业三十年”荣誉证书。1982 年 7 月离休，2008 年 12 月去世。

1972 年 4 月，张杰服从组织安排，到湖北襄樊南门外的郑家山担任襄樊医院筹建组副组长，协助筹建组组长王发科开展医院筹备的前期选址工作，并按照 1974 年 4 月在北京召开的医院筹建工作会议精神，张杰参与了对医院建设所需的各类人员的调查摸底。1974 年 7 月，三机部航空研究院下达了《关于襄樊三六四医院扩初设计的批复》（扩充初始设计），获得建设投资 200 万元，医院的基本建设拉开了序幕。

1974 年 8 月，张杰担任襄樊医院筹建组组长。1975 年，医院临时党委成立，张杰担任临时党委书记。他结合医院的具体情况，提出了“自力更生，独立建院”的指导思想，成立了基建办公室，有计划地开始招工和调入人员。按照三机部下达的基本建设计划，张杰带领医院的干部职工开挖排洪沟，加固周边山坡挡土墙，开始深井泵房、二级泵房、职工食堂、医疗主楼、门诊楼、职工宿舍、家属楼、临时仓库的建设。他们在住宿和生活条件极其简陋的情况下，晴天一身土，雨天一身泥，克服重重困难，为医院的建设打下了基础。

1976 年 12 月 2 日，张杰发动全院医务人员多次研究讨论，修改了原设计方案，提出了住院楼与门诊楼分建的方案，将门诊部的建设从 1200 米^{2}扩大到 2079 米^2。事实证明，扩大门诊部建设的决定，对襄樊医院的后续发展起着至关重要的作用。

1979 年 4 月，两栋宿舍、一个食堂已经竣工。按照“以基建为中心，以医疗主楼为重点”的工作方针，又经过两年多的艰苦建设，1981 年 7 月，襄樊医院初具规模，完成了基本建设 12984 米^2，职工总数 138 人，医务人员 79 人。全院职工思想统一在“以准备开院为中心，以医疗为重点，一切从开院出发，一切为了开院，一切围绕开院，一切服从开院”上。张杰和院领导班子组织对干部队伍和职工进行思想整顿，健全党内生活，结合医院实际建立健全各种规章制度，在基本具备了开院条件基础上，医院临时党委向航空研究院党委提交了开院报告，三机部航空研究院确定襄樊医院于 1982 年 4 月 15 日开院。

张杰于 1982 年 7 月离休，2008 年 12 月去世。

历功宽

历功宽（1918.2—1997.1），吉林东丰人，湘凌机械厂（2007年11月与国营燎原机械厂合并为中航飞机起落架有限责任公司，简称中航工业起落架）首任厂长。1943年7月在山东掖县参加革命，1948年8月在掖县兵工二厂加入中国共产党。曾在胶东益丰厂、和兴厂，胶东军区后勤处兵工二厂，徐州第三兵工厂，株洲282兵工厂从事军工生产，立三等功两次。1951年10月以后，历任航空工业局第331厂（现中航工业南方）股长、科长、副处长、分厂副厂长等职。1971年5月—1975年3月，任013基地汽车修理厂（湘凌机械厂前身）厂长；1975年3月—1977年1月，任湘凌机械厂厂长。1977年2月—1981年10月调至五四机械厂；1981年11月调至国营湘江机器厂（现中航工业南方），1982年离休。1988年获航空工业部颁发的“献身航空工业三十年”荣誉证书。1997年1月去世。

1970年，按照国务院“建设三线”的指示精神，要在湘西大庸建设直升机基地。历功宽积极响应国家号召，参加祖国大三线建设。1971年国家调整计划，013基地在大庸的7个厂全部下马，不愿意回原单位的人统一调入013基地汽车修理厂。1971年5月至1975年3月，历功宽任013基地汽车修理厂厂长。他和工厂的其他同志进驻大庸旅社，购买了大庸县武装部在县城南门口的旧木头房子扎根落脚，陆续吸纳和安置了来自013基地机关干部和职工的家属、子女及复员退伍军人，为解决工作和就业也调入和招收了部分职工。

历功宽领导大家坚持因陋就简、土法上马、土洋结合、自力更生、艰苦创业。人们上山扛木头，下河捞沙石，搞基本建设；抬水泵、搭棚子、埋水管，从澧水河引水；埋电杆、架电线，安装柴油机，自行发电；人拉肩扛、搬运物资、安装设备、投入汽车的简单零配件“三销一板”（活塞销、支架销、钢板销、弹簧钢板）生产；挖黄泥，装铁包，搞固体渗碳；架铁锅，“油炸”活塞销，进行发蓝；自制土设备，成型汽车弹簧钢板；摸爬滚打，装装拆拆，浑身油腻修理汽车，白手起家开办幼儿园、医务室、职工食堂。在历功宽等同志的领导下，经过几年的努力，到1975年，职工人数从1971

历功宽生活照

年的114人增加到341人，拥有固定资产240.6万元，金属切削设备71台，锻压设备4台，生产性建筑面积4076.9米^2，生活性建筑面积2898米^2，工业总产值24.59万元。

1974年，第三机械工业部、湖南省国防工办及013基地办公室分别下发通知，将013基地汽车修理厂改为湘凌机械厂。1975年3月6日，013基地党委书记、主任于辉同志在工厂全厂职工大会宣布成立临时党委，历功宽任委员；同时宣布历功宽任厂长。

1976年，为了工厂的生存和发展，三机部决定工厂承接部分飞机起落架零部件生产，与成都飞机制造厂主机配套。

几十年来，历功宽始终保持党的优良传统和作风，保持极大的革命热情，兢兢业业，艰苦朴素。他在担任厂长期间，工作十分繁杂，工作条件艰苦，但他认真负责，勤勤恳恳，克服困难，带领广大干部职工把工作做好。

1982年，历功宽离休。1988年获航空工业部颁发的“献身航空工业三十年”荣誉证书。1997年1月去世。

马 萍

马萍（1921.7—2005.7），山东沾化人，汉中歼击机总装试飞厂（1978年12月与部装机加厂、012基地设计所合并为汉中运输机制造厂，现为陕西飞机工业（集团）有限公司，简称中航工业陕飞）党委书记。1939年4月在延安及晋察冀抗大学习。1940年7月任晋察冀11分区九团副排长、区队长。1942年6月任延安教导旅九团副指导员、指导员。1948年9月任西北野战军16师48团组织干事、教导员。1950年12月任沈阳防空高炮团政治处主任、副政委、政委。1960年8月任福州空军高炮三师政治部副主任。1965年1月任国营新兰仪表厂（现中航工业兰飞）党委副书记。1969年7月任3317厂核心小组组长。1973年5月任南峰机械厂党委书记。1975年10月任汉中歼击机总装试飞厂党委书记。1979年1月任汉中歼击机总装试飞厂、部装机加厂、012基地设计所合并领导小组组长。曾荣获三级独立自由勋章、三级解放勋章和西北军政委员会颁发的“人民功臣”奖章。1988年获航空工业部“献身航空工业三十年”荣誉证书。1983年6月离休，2005年7月去世。

1975年，运8飞机试制会战进入最关键时期，为了确保运8飞机年底首飞上天和加强对运8会战的组织领导，012基地党的核心小组派出以马萍等人组成的工作组，对汉中歼击机总装试飞厂（简称总装试飞厂）领导班子进行整顿。5月1日至6月18日，马萍和工作组成员组织开门整风工作，帮助领导班子弄清思想，端正路线，增强团结，做运8会战的火车头。9月，总装试飞厂下达了《关于确保运8会战决战全胜的决议》，吹响了运8飞机总装决战的号角。10月中旬，在运8会战的关键时刻，012基地党的核心小组宣布调整总装试飞厂党委班子，马萍担任党委书记，全面负责党委工作。

1975年10月12日，总装试飞厂党委决定成立运8会战指挥部，同时制定了指挥部会议制度。马萍明确指挥部成员上午到现场，下午解决关键问题，晚上对会战情况进行检查。同一天，总装试飞厂召开了“运8总装决战动员大会”。10月13日，运8总装决战全线打响，马萍和总装试飞厂车间广大职工吃在车间、住在车间，连续苦战7天，攻克了大部件对接的一个个难关。10月20日，工厂决定将总装决战分为4个战役部署：第一战役完成大部件对接；第二战役完成敷设安装任务；第三战役完成通电调试；第四战役完成总检移交工作。11月11日正值隆冬时节，总装试飞厂厂房里一片繁忙景象，“苦战20天、攻下总装关”的攻坚战打响了。在马萍的带领下，总装试飞厂的广大职工，经常在摄氏零度以下的厂房里坚持生产，热血沸腾、斗志昂扬。12月19日，运8飞机进入试飞车间，试飞车间的职工排除万难，在短短的10天时间里，完成了全机通电检查、调试、试车、排故、试滑、模拟起飞着陆一系列工作，于12月28日完成了全部准备工作。12月29日，运8飞机首飞成功。运8会战的胜利，是总装试飞厂、部装机加厂在边基建、边试制的艰难条件下，经过两厂全体职工整整1年的积极努力，顽强拼搏、密切配合所取得的，运8会战实现了当年转厂，当年组装，当年上天，这不能不说是航空工业的一项突破。

作为党委书记，马萍及公司党委领导班子围绕党的中心任务，做了大量的政治思想工作。为把“工业学大庆”活动深入持久地开展下去，1976年2月，总装试飞厂党委决定成立“工业学大庆”办公室，并提出“奋战两年，把工厂建成大庆式企业”。1977年5月，在全国“工业学大庆”会议的鼓舞下，工厂掀起了一个大学习、大宣传、大落实“工业学大庆”的热潮，迅速掀起了比、学、赶、帮、超的群众运动，对基建、生产起了积极的促进作用。

1979年，工厂深入贯彻党的十一届三中全会精神，党委对历次政治运动中所形成的案件和受过各种处分的人员，本着实事求是、“全部错全部纠，部分错部分纠，不错不纠”的精神，进行了认真复查、清理。对属于冤假错案的，工厂召开大会对当事人予以平反，当众烧毁材料，发给平反证书，稳定了“文化大革命”中受委屈的同志的心情。同时针对一些人受过去“左”的思想影响，对党的方针、政策抱有疑虑和怀疑的问题，马萍带领工厂党委领导和政工部门干部深入基层，收集和掌握了许多思想情况和提出的问题，针对那些带普遍性的问题，公司党委组织力量，编写了11种形势教育和党的政策教育材料，从理论和实践的结合上有说服力地回答了问题，使广大干部和职工对当时形势和对党的政策有了深刻的理解，对工厂的安定团结起到了重要的作用，充分调动了全厂干部、职工群众的工作积极性。

1978年12月，012基地决定总装试飞厂、部装机加厂和012基地设计所合并为汉中运输机制造厂，1979年1月成立合厂领导小组，统一组织好合并工作，马萍担任组长。合厂工作历时一年，1980年1月合厂领导小组解散。

马萍于1983年6月离休，2005年7月去世。

陆保义

陆保义（1927.10—2003.7），河北卢龙人，哈尔滨空气动力研究所（2000年7月与沈阳空气动力研究所合并为中国航空工业空气动力研究院，简称中航工业气动院）首任党委书记、革委会主任。1943年8月参加工作，1944年5月加入中国共产党，1946年12月在河北省迁安县莱园村入伍。1947年在热东军区12分区支队任副指导员。1950年四野第46军政干部学校学习，任指导员。1952年志愿军46军政治部任政治协理员。1954年解放军82文化建成中学5队任指导员。1961年国防部航空研究院第一研究所（现中航工业沈阳所）四室任政治委员，第一研究所政治部组织科科长。1976年2月任哈尔滨空气动力研究所党委书记兼革委会主任。1987年10月离休，2003年7月去世。

1976年1月，第三机械工业部哈尔滨空气动力研究所成立，同年2月陆保义任党委书记兼革委会主任。作为研究所第一任党委书记，按照上级组织的总体安排，1977年1月成功召开了研究所首届党员大会，经过大会选举及哈尔滨市委批准，陆保义当选为哈尔滨空气动力研究所党委书记。首届党委会提出了加强各级党组织建设，深入开展工业学大庆的群众运动，两年内把研究所建成大庆式研究所等方面的具体要求。

研究所建所初期，在以陆保义为党委书记的首届党委会的领导下，规划了研究发展蓝图，建立健全了行政管理机构和各种规章制度，开始了以实现风洞自动化为目标的技术改造，逐步从“以阶级斗争为纲”的思想中解放出来，依靠知识分子取得技术发展的思想逐步树立，进行了一些基本建设，改善了所区环境和职工的居住条件。

陆保义和所领导班子，紧紧围绕研究所5年规划，随着风洞设备改造与科研项目的增加，研究所由单纯的生产试验型向科研型转变，开展的课题与试验技术研究取得了可喜的成果。1976年进行的歼6、歼教6和歼教5飞机的大迎角试验，为空军改出螺旋的试飞和螺旋气动特性研究做出贡献。

1978年12月，党的十一届三中全会明确提出“把全党工作的着重点和全国人民的注意力转移到社会主义现代化建设上来”的指导思想，陆保义组织领导班子统一思想，把研究所的工作重心转移到科研生产上来。1978年开展研制FL-8及FL-7风洞试验数据采集与处理系统，1980年此课题荣获三机部科研成果二等奖。1979年成立了气动理论研究室、天平与设备研究室和情报档案室，为科技发展做好组织上的准备。1979年，研究所实现了风洞试验数据采集与处理自动化，并开始了新的试验技术和空气动力应用研究等方面的研究工作，从此研究所的科研工作进入了一个新的发展阶段。随着全国形势的发展，研究所的面貌也发生了深刻的变化。技术发展规划逐步在实施，风洞进行了系列技术改造，实现了试验数据处理和控制自动化。研制的试验新技术、新设备用于风洞试验，扩大了风洞试验项目。科研工作取得了可喜成果，4项科研成果荣获全国科学大会奖。

在做好科研工作的同时，陆保义带领全所领导干部加强制度建设和教育培训工作。自研究所首届党代会以来，加强党委的自身建设，建立了一批规章制度。每周坚持党委中心组的学习，党委每年开门整风一次，每季度召开一次交心会，每年对支部书记和支部委员进行一次培训，坚持“三会一课”制度，定期召开支部党员大会、支委会、党小组会，从而提高全所领导干部员工的理论知识水平。为加强对职工教育工作，1976年以来，研究所陆续开展了教育培训工作，成立了以技术科负责的全所职工教育与技术培训部。1979年，研究所开展了第一届中央电大专业技术班，参加学习的学员注重学习质量，受到黑龙江省电视大学的表彰，并被评为优秀办学单位。除了所办各种学习班外，每年还有部分同志去参加所外学习，各研究室也举办了许多专业技术培训班。同时派人员到国外去学习交流，考察风洞与试验技术，并与国外开展交流合作计划。进一步推动了研究所空气动力试验技术的发展。

陆保义于1987年10月离休，2003年7月去世。

赵洪学

赵洪学（1928.11— ），吉林长春人，沈阳空气动力研究所（2000年7月与哈尔滨空气动力研究所合并为中国航空工业空气动力研究院，简称中航工业气动院）首任党委书记。1948年5月，在讷河参加中国民主青年同盟。1948年9月，在纳河县11区新发村入党，1949年1月转为正式党员。1976年12月—1978年7月，任沈阳空气动力研究所党委书记、革委会主任。1978年—1982年8月，任国营松陵机械公司（现中航工业沈飞）政治部副主任、副总工程师。1988年11月离休。

1976年3月，第三机械工业部沈阳空气动力研究所成立，同年12月，赵洪学任第一任党委书记。任职期间，赵洪学始终坚持党的方针政策，深入贯彻落实全国科学大会精神，积极响应“树雄心，立大志，向科学技术现代化进军”的号召，转变观念，尊重知识，注重人才，肯定知识分子科技成果。1978年3月，研究所荣获全国科学大会表彰4项，研制的“708”内式六分量天平还在全国科学大会上展出。

赵洪学深知科学技术是第一生产力，科技才能兴所，才能使职工过上好日子。他非常注重职工的思想教育和人才培养工程，定期举办党员学习班，学习党的路线方针政策，组织科研人员召开科技研讨会，他还在全院掀起风洞试验大干的热潮。工作中他经常亲自到一线实验室，与科研人员一起处理技术难题，帮助科研人员解决工作和生活困难，使科研人员无后顾之忧，全身心地投入科研生产中。1977年2月，赵洪学与一室技术员蒋景溥作为代表参加第三机械工业部企事业领导干部会议，受到了华国锋、叶剑英等中央领导的接见。

赵洪学于1988年11月离休。

刘忠义

刘忠义（1926.8— ），河北肃宁人，国营昌河机械厂（现昌河飞机工业集团有限责任公司，简称中航工业昌飞）首任厂长。1945年8月参加革命，随同苏联红军光复我国东北地区，同年10月在黑龙江省齐齐哈尔铁路局工作。1949年11月加入中国共产党。1947年被组织上选派到东北铁道学院学习，毕业后分配到铁路总局任科长、主任工程师。1952年调到航空工业局122厂（现为中航工业哈飞）工作，任科长、副厂长。1969年，奉命赴江西景德镇参加国营昌河机械厂的建设工作，任工厂筹建革命领导小组成员、工厂党的核心领导小组成员。1973年5月，任工厂临时党委委员，具体负责工厂行政领导工作。1977年11月，任工厂党委副书记、革委会主任（厂长）。1980年6月，任工厂党委书记。1982年12月，调到国营洪都机械厂（现中航工业洪都）任党委书记；1985年调到河北省国防科技工业办公室任巡视员。1989年2月离休。

1969年11月22日，第三机械工业部领导小组决定由国营昌河机械厂（简称昌河厂）作为江西直升机厂的主机厂。1970年5月，刘忠义告别了工作和生活条件都相对优越的哈尔滨，来到了江西景德镇。

由于昌河厂当时是在原瓷厂的旧址上进行创建，基础条件很差，完全不适应飞机研制的要求。在资金缺乏的情况下，作为时任工厂行政管理总负责人的刘忠义，带领全厂干部职工充分发扬自力更生、艰苦创业的精神，量力而行，力求实效，硬是克服了来自工作、生活和南北气候差异等方面的各种困难，边建厂边生产，仅用几个月的时间就组装了首架直6机，并进行了首飞。

建业初期，为了能够获得新的直升机研制型号，以满足企业生存并谋求更大的发展空间，刘忠义积极向上级机关建议，于1973年底获得了承担测绘仿制“超黄蜂”的任务，并将此型号定名为直8。

1976年，三机部将直8列入“五五”和“六五”计划，至此，昌河厂正式形成了研制直8的生产格局。工厂成立了直8研制办公室和设计所，分别对“超黄蜂”的外形测绘、交点测量、材料分析以及技术改造、试飞试验等方面进行了详细的技术摸底和着手解决，并为日后直8的研制做了大量的准备工作。

不久因国民经济调整，直8研制被列为“缓上”项目。为了避免直8研制不致于半途而废，刘忠义等厂领导顶着重重困难，紧密团结全厂干部职工，始终坚持研制直8不动摇，力争把直8机搞出来，以挽救直8可能面临的夭折命运。

为配合国防建设需要，决定将“超黄蜂”进行改装，作为某工程的舰载直升机。1978年11月30日，172号“超黄蜂”直升机飞抵景德镇吕蒙机场，此时已担任昌河厂厂长和党委副书记的刘忠义，在没有任何经验借鉴的情况下，组织调动了40多个单位的2000余名职工参与了此次改装任务。经过历时1年多的紧张工作，到1979年12月，工厂全面完成了4架舰载直升机的改装及5架份船用系留装置的制造任务。1980年5月，我国向南太平洋海域成功发射了第一枚运载火箭，而由昌河厂改装的“超黄蜂”直升机不辱使命，出色地完成了在此次试验中所承担的各项任务。

直8“缓上”后，在得不到研制经费的情况下，刘忠义等厂领导及时提出了“军品转民品、军民结合、以民养军”的战略措施。经过全厂职工多年的奋斗，从民品收入中补充了直8研制经费的不足，保证了研制工作的正常进行，也形成了军品、民品相互支援、相互促进的局面，为工厂发展“一机两车”（即直8型机、面包车、微型车）奠定了坚实基础。

1976年3月，国务院和中央军委决定把直8列装，昌河厂也被正式确定为总装厂。根据直8的研制要求，工厂按照“独立自主，自力更生”的方针和“洋为中用”的原则，相继成立了各种攻关小组。刘忠义等厂领导积极组织干部职工群策群力，集中力量攻关，自行设计制造了蒙皮拉伸机、型材拉弯机、多轮滚床等航空专用大型设备，建设了气体站，解决了气体供应问题。同时，不断探索国内尚无先例的新工艺制造技术，成功地攻克了钛合金钣金件的成型课题，还设计制造出了钛合金热压床，不仅满足了试制进度的要求，也为我国航空工业的钛板工艺填补了一项空白。

从1977年起，工厂围绕直8－01架静力试验机这一中心工作，广泛发动职工，采取打破车间科室和行业工种的界限以及举办课题讲座、招贤奖励等形式，全面开展技术攻关和有效地组织会战，使直8的研制不断取得突破性的进展。在上级领导的重视下，经过全厂干部职工近10年的艰苦奋斗，昌河人战胜了各种难以想象的困难，终于使静力试验机顺利通过试验，避免了直8研制的夭折，为02架机的试飞奠定了基础。1982年，国家领导和有关专家到厂，对直8研制情况进行调研。鉴于昌河厂直8研制工作已经取得了重大进展，中央做出了“直8要加快生产”的指示。从此，直8研制纳入到正常轨道。1985年12月，直8成功实现了首飞。

刘忠义不仅有效地开创了昌飞作为航空工厂的基本生产格局，还在企业管理、企业

刘忠义生活照

文化、高新技术、质量监控、市场销售、思想政治工作等方面上做了大量的工作，较好地奠定了企业发展基础。

1982年12月，刘忠义调国营洪都机械厂任党委书记；1985年调到河北省国防科技工业办公室任巡视员。1989年2月离休。

杨青山

杨青山（1926.9— ），河北滦县人，国营中原宝石厂（现中航工业电测仪器股份有限公司，简称中航电测）总工程师、厂长。1945年8月参加革命，同年10月加入中国共产党，曾任八路军沈阳“北满”工人教导团通讯班长。1946年11月起，先后任辽西军区参谋处警卫员、第四野战军七纵队汽车分队长、44军后勤部修理长（排级）、广东省交通厅汽车厂技术检验员、广州军委民航局汽车队管理员。参加过平津战役和辽西、四平战斗。1954年8月转业到国营第221厂（现中航工业太航），先后任调度员、车间主任、科长。1956年和1957年，被选为太原市和山西省复转、残废军人建设社会主义积极分子，并出席了代表大会。1965年7月调至汉中012基地国营中原宝石厂，任副厂长兼总工程师，1978年8月至1983年5月任厂长、党委副书记。1980年当选为汉中市第八届人大代表。1987年被评为012基地三线建设创业者。1988年获国防科工委颁发的“献身国防科技事业”荣誉证书和证章。1987年离休。

1965年三线建设开始以来，国营中原宝石厂是第三机械工业部在陕南第一个破土动工、第一个建成投产的三线工厂。杨青山当时任副厂长兼总工程师，在艰苦的创业生产时期，他全力配合厂领导工作，团结带领全厂职工边生产、边基建，抢时间，争速度。1965年工厂投产当年，只生产5个品种的锥型宝石轴承，9月底即完成了3000粒锥型宝石轴承的抛光工序，第二年增加了仪表游丝生产线。杨青山带头贯彻“三线建设”的“先生产、后生活”原则，当宝石轴承生产线全面开工以后，又积极响应党支部号召，带头自力更生、就地取材参加到为职工盖宿舍的艰苦劳动中。

1967年，工厂并入了一条通孔宝石轴承生产线和刚玉烧结生产线，工厂生产规模迅速扩大，技术水平相应得到提升，使工厂成为国内唯一的为国防工业生产、科研服务提供宝石轴承和游丝的专业化厂。1975年，在厂领导及副厂长杨青山指挥下，全厂职工克服重重困难，建成了一条年产20万只电阻应变计的生产线。当年边调研、边试制、边生产，全年完成了10300只电阻应变计。1977年，继GYY－1型压力传感器研制

杨青山生活照

成功之后，经过调研和学习，传感器进入系列化生产。

1978 年 8 月，杨青山任国营中原宝石厂厂长，他直接领导和指挥建成了民用电度表宝石轴承和轻纺工业假捻机用转子两条生产线，使工厂的生产、经营迈出了新的步伐。1980 年组建民品宝石轴承生产线，当年就生产了市场紧缺的电度表宝石轴承 76 万粒。1982 年 9 月，一条年产 2 万套假捻机用转子的生产线建成投产，同年，工厂还试制成功了酞酸锶晶体，填补了国内空白。试制了彩色刚玉、宝石戒面等产品。1982 年，工厂党委决定从生产科中分出经营管理科，实现从生产型企业向生产经营型企业的转轨升级。1983 年，工厂还承担并完成了歼 7－Ⅲ型新机高度、速度传感器的研制任务，为应变计传感器用于飞机机载开辟了新的途径。

杨青山于 1987 年离休。

王南寿

王南寿（1924.1— ），浙江诸暨人，第三机械工业部第611研究所（现成都飞机设计研究所，简称中航工业成都所）首任所长。1949年毕业于国立厦门大学航空系，当年10月参加中国人民解放军，任华东军大福建分校区副队长。1950年7月，分配到空军部队，参加机场修建。1951年4月，分配到军委空军工程部外场处，历任歼击机科科员、参谋、助理员、副科长。1954年4月加入中国共产党。1958年5月，参与空军一所组建。1961年，任国防部航空研究院第一研究所（现中航工业沈阳所）飞机空气动力设计室主任、总体设计室主任，1965年5月，任总设计师。1978年10月任第三机械工业部第611研究所所长、党委副书记兼总设计师。1981年1月任航空研究院副院长，第三机械工业部科技委常务副主任，国家级科技专家、研究员级高级工程师，享受国务院特殊津贴。曾任中国航空学会秘书长、空气动力研究会副会长，国家科技成果评奖委员会委员，国际航空科学会（ICAS）第一届中国理事，美国《飞机》月刊国际编辑。主持设计歼9飞机和歼7大改飞机。先后荣获国家科技进步特等奖和部级一、二等奖各一次，立三等功三次、二等功一次，1978年全国科学大会授予先进科技工作者奖状。主编《航空工业飞机设计手册》、《中国大百科全书航空航天卷》的航空部分，《航空百科词典》副主编。主持与德国DLR、法国ONERA和瑞典FFA航空研究院进行长期科技合作。1994年退休。

1951年4月，王南寿分配到军委空军工程部外场处，历任歼击机科科员、参谋、助理员、副科长，期间到南苑航校学习米格-9飞机地面使用维护，并奉命到战争前沿的飞行部队，与机务人员一起排除故障，检查和判明疑难事故。这段时间虽然不长，但对王南寿后来主持飞机设计和科研管理打下了坚实的基础。

1958年5月，空军一所（简称空一所）开始组建。作为主要筹备人员，王南寿与回国的5位留苏生和调集的10名试验员一起，积极组织学习，先后去工厂、研究机构调研试验设备和任务方向，完成了建设规划。他在担任飞机发动机研究室副主任的同时，还负责基建工程的监管。当时正是国家的困难时期，基建的物资和施工队伍都很

王南寿（右二）在1986年国家科技进步奖颁奖大会上

紧张，他积极协调上级、基建单位，争取支持和理解，用3年的努力完成了在建的5个项目，为空一所具备配套的工作环境做出了贡献。

1961年，国家组建国防部航空研究院，空一所合建到航空研究院第一研究所（现中航工业沈阳所），王南寿被任命为飞机空气动力设计室主任。他利用一切可用的时间，边学边干，不断摸索，在熟悉米格－21的基础上，建立了空气动力各专业的设计手段，初步具备了自行设计能力。1964年，王南寿从气动力室调任总体设计室主任，负责新飞机歼8设计的策划和提供总体设计方案。1965年5月，任航空研究院第一研究所总设计师，主持歼8设计工作。在他的带领下，全体设计人员经过不断的努力拼搏，克服动乱、极度困难的各种环境条件，1968年6月，试制出了供地面结构强度试验和首飞的飞机，同时设计队伍也得到了成长。

1969年11月，空军和三机部决定成立一所分所（即611所），设计歼9飞机。王南寿作为组建者（时任歼8总设计师，兼管歼9研制）于当年12月与章百近同志去成都考察所址，准备搬迁。

1970年5月，包括科技、工人、行政、政工人员共计313人向成都搬迁，随迁的有13台普通机床和一台苏式吉普车。当时的所址是原13航校的校址，面积较大，营房简陋，多数是泥土做的简易房子，两栋普通砖木结构的房子改成设计楼，没有生产和试验设备。

面对艰巨的任务和困难的环境，王南寿带领大家边科研，边建所。针对设计目标，不断开展计算和试验。为了开展最基本的风洞试验，除了利用随迁的生产设备之外，还找到了已停产的协作单位。大家废寝忘食地工作，用15天时间，生产出一套木质风洞试验模型，45天生产出一套保证质量的高速风洞试验模型，创造了奇迹。

面对不到沈阳飞机研究所1/6的队伍，开展新机设计的难度可想而知。王南寿狠抓设计队伍的数量和质量，通过积极调动家属，为职工子弟办学习班等措施来巩固已有队伍；通过努力向部内单位和其他单位招聘人才、老带新、授课培训等措施来壮大、提升设计团队。为了设计出可行的飞机方案，他倡导所有的方案设计都必须严格按设计程序、设计规范进行，这为成都所的研发人员形成“求实、创新、团结、拼搏”的精神打下了坚实的基础。

1980年，王南寿调三机部工作，任三机部科技委秘书长、常务副主任。1994年退休。

俞伟民

俞伟民（1924.9—1998.6），浙江宁波人，汉中南峰机械厂（2001年与中国空空导弹研究院合并组成新的中国空空导弹研究院，简称中航工业导弹院）首任厂长。1945年7月参加工作，1947年7月加入中国共产党。曾先后任新四军苏北三分区军工科工人、修理班班长，鲁南军工四厂公务员，鲁中渤海军工部六厂领班，徐州华东财办工矿部第三兵工厂公务员。1950年10月随厂迁入株洲兵工厂（现中航工业南方）工作，历任车间主任、总工艺师。1964年7月调湖南沅陵五一机械厂（现中航工业中传）任总工程师。1966年6月调汉中012基地南峰机械厂，任661工地（南峰机械厂筹建时工地代号）指挥部党委副书记、副总指挥；1970年2月增补为革委会委员、生产办主任；1970年8月任中共南峰机械厂核心小组成员；1972年8月任第一届党委常委并增补为革委会副主任；1976年5月任革委会主任；1978年10月任厂党委副书记、厂长；1982年2月任党委书记。1984年5月离休，1998年6月去世。

俞伟民响应国家国防工业靠山分散、以利备战的号召，服从组织安排，领导建设队伍在陕西省南郑县米仓山北麓的崇山峻岭中建设汉中南峰机械厂。

从战备和保密需要出发，初步设计导弹生产线主要安排在3个自然大山洞里（大佛洞、天星洞、鱼洞子）。因为山洞地质复杂，土石方工程量太大，短期内难以建成生产线。1967年8月，国家主管机关批准了俞伟民提出的工厂调整方案，在洞外先建成小型生产线，并作为一期工程随即启动。他积极协调施工队伍，组成工艺设计班子，抢建一期工程，经全厂上下两年多时间的艰苦努力，空空导弹小型配套生产线基本建成，为试制产品、交付产品争取了时间，创造了条件。

1970年5月，南峰机械厂开始试制PL－2导弹样机，从试制阶段的“双五发”（零件加工生产线投放五台份材料，装配生产线投放五台份散装零件和元器件）开始练兵，装配调试样机，改进设计，例行试验，靶试测试，工艺定型到小批量生产，控制稳定质量，他都倾注了大量心血，组织推动生产任务的完成。

南峰机械厂1973年开始批量生产交付PL－2导弹，到1982年已累计成功生产交付几千枚，为这一时期的部队装备做出了贡献。根据形势的发展变化和PL－2导弹性能相对落后的情况，1977年，他又适时提出了改进型号，研制新品的设想。他组织论证，讨论决策，使工厂开始了PL－2乙导弹的研制。他组织发动专业技术人员和骨干力量，在人力、财力、物力上给予充分保证。从1977年开始实物测绘，方案确定，样机制造，到1979年摸底试验批生产靶的试制成功，短短两年的时间，就完成了新品研制任务。

PL－2乙导弹，从1981年设计定型，转入批量生产交付部队，到1985年已累计生产了776枚。这两种型号的空空导弹，成为当时部队导弹装备的主要型号。

为推行全面质量管理，争创部优产品，1980年1月，以俞伟民为主任的工厂全面质量管理委员会成立，并设立日常机构“TQC”推进办公室。1981年5月，工厂制定颁发了《PL－2乙产品三年创优全面质量管理实施意见》，从产品设计、制造、检验、器材供应、设备工装、测试仪器、生产管理、成本管理等10多个方面制定了措施，使南峰机械厂的全面质量管理工作进一步展开。1983年4月，工厂成立“PL－2乙导弹创优质保分体系”，针对配套产品的不同情况，制定质保措施，开展技术攻关、质量互访、质量服务等活动。经过同步创优活动，使PL－2乙导弹及其主要配套产品在质量上取得了明显进步。经过近3年的创优工作，PL－2乙导弹质量稳步提高，一次例试合格率达95%，超过主管上级的考核指标，1983年、1984年两年产品抽样批检，完全符合批检靶试大纲要求，实现了整机创优目标。1986年，经国家经委、国防科工委和航空工业部审定，南峰机械厂生产的PL－2乙导弹获军品部优产品称号，并颁发了部优产品证书。

俞伟民工作照

保军转民，继续发展。随着国家对国防工业的调整，南峰机械厂也将面临着“保军转军”的转折时期。面临转折，面对改革，他在任期内尽力去抓改革的各项准备工作。为工厂后来的保军转民、改革领导体制、改革组织机构、改革生产经营管理、改革干部管理、改革劳动管理、改革分配制度等各项改革措施的逐步推进，起到了很好的铺垫作用。民品生产经过调研、论证、筛选，确立了开发的方向和主导产品，使工厂从单一军品型转向军民结合型迈出了发展的第一步。

南峰机械厂专门成立了民品开发工作领导小组，设立了民品办公室，确定了主管此项工作的厂领导。在开发民品工作中，采取开发支柱民品与一般民品相结合；集中开发与分散开发相结合；综合性开发与单项性开发相结合；产品开发、技术开发、技术咨询与服务相结合。经过市场调研，技术论证，很快确立了适合工厂技术特点的民品开发方向，形成了“三机一器”（茶叶包装机、水下切粒机、电涡流测动机、红外器件）的产品结构。南峰机械厂民品“三机一器”后来逐步形成规模，与军品同步发展，形成半壁江山，取得了丰厚的经济效益。

俞伟民廉洁奉公、身先士卒、克勤克俭，领导全厂职工，克服物资匮乏、资金短缺、信息闭塞、交通不便、环境艰苦的诸多困难，为国防建设需要生产了上千枚导弹，上交利税从1971年的8.65万元增长到1982年的336.54万元。

俞伟民于1984年5月离休，1998年6月去世。

张性原

张性原（1924.2— ），陕西兴平人，第三机械工业部综合技术研究所（现中国航空综合技术研究所，简称中航工业综合所）首任所长。1949年2月加入中国共产党，同年5月参加革命。曾在西北军政委员会西安航空办事处工作，同年调西北工学院任助教、院总务处主任。1953年调第二机械工业部质量监督司、技术司任工程师、副科长、副处长、处长。1954年评为先进工作者。1970年调综合技术研究所任副所长，1979年3月任党委副书记、所长。1982年1月调三机部机关，任科技局副局长，质量司司长。1985年退居二线，同年被选为中国质协常务理事，中国航空质协常务副理事长。曾编写和编辑有《航空航天工业现代质量管理》《技术状态管理理论基础》《质量设计和控制基本原理》等著作。1992年被评为航空工业系统有突出贡献的专家。1990年离休。

1970年10月，针对航空标准的制定工作主要在飞机制造主机厂所，制定的标准因水平低，标准不统一，产品质量不能适应国家要求的情况，第三机械工业部发文成立综合技术研究所。主要负责组织编制航空技术标准，开展航空工业的标准化和系列化工作，组织航空工业技术革新经验交流与推广，航空产品技术资料的编制与提供等工作。其中主要工作是开展航空标准化工作。

成立综合技术研究所以后，张性原带领综合技术研究所克服缺人、缺办公场地、缺资料等困难，硬是闯出了一条我国航空标准化的道路。1972年，第二次航空标准化会议后，张性原带领研究所认真执行会议提出的“整顿提高、补缺配套”方针，组织有关工厂共同努力，经过4年时间，对原有的标准进行了一次全面整顿和修订，制定和修订了部标准1515项，其中修订标准1290项。在当时，工装标准的整顿和零组件标准的修订，影响面甚广。同时制定标准225项，其中用于生产急需的标准50多项。新标准的制定、修订从我国航空生产实际出发，自行编制，开始突破苏联标准的束缚。另外，还组织编写了一套《航空工艺装备设计手册》（共9册），修订一套《飞机设计员手册》（共7册），使各航空工业单位之间在工程技术方面第一次有了共同统一的语言，也为培养飞机设计和制造人才起到了重要作用。

1976到1980年期间，张性原领导研究所科研工作者，按照第三次航空标准化会议要求，组织制定新标准866个，15个标准获得全国科技大会奖和三机部奖。其中30%的标准具有70年代初期先进水平。例如飞机电磁兼容性标准的编制，先后在歼7－Ⅲ、轰7、歼8－Ⅱ贯彻，并为强－5改、歼8－Ⅱ改等的技术引进提供了重要技术数据。

经过“五五”期间的努力，我国航空标准化工作取得了相当可观的进展，但标准水平与新机研制要求存在较大差距。1978年，我国加入国际标准化组织（ISO）之后，研究所积极承担了“航空航天器技术委员会”（TC20）的国内归口工作。1979年10月，张性原赴美参加ISO/TC20第23届全体会议，接触到美标，敏锐感觉到美标与苏标相比的先进性。

国防工委和航空工业部对积极采用美国军用标准、规范高度重视，时任航空工业部部长吕东指出，如何把这套军用标准规范移植到中国，是航空工业的大事。所党委决定加速开展美军标的引进移植工作，与美国标准协会（NSA）达成引进全套美国军用标准的协议。1980年10月，陆续收到美标43000多项；1982年后，又陆续收到全套美标缩微平片。此外还引进了SAE宇航标准，订购了美国航空无线电技术标准。

为了做好此项工作，研究所成立了美军标办公室，按照“等同使用、等效采用、参照采用”的原则，动员部内成百上千科研人员，历经3年时间，完成了航空方面常用的2600多项、近3900万字的美标翻译、编审任务，并按飞机系统重点对有关系统进行了分析。制定出版了新航标，其中包括飞机、发动机、机载设备等标准。移植美标的工作，建立了我国先进的航空标准化体系，大大提升了我国航空标准的水平，为提高新机研制水平提供了强有力的支持。在某型机研制中，抛弃落后的钢索操控系统，采用先进的电传操控系统，就是在新的航空标准化体系的基础上进行的。

综合技术研究所是我国较早开展适航性管理研究的单位之一，也是国家最早设立适航性研究机构的单位。1980年，张性原所长和王炘副所长赴美参加国际标准化TC20会议。会议期间应邀参观美国联邦航空局（FAA），带回有关FAA的一批资料。回国后立即向国防工办、航空工业部、国家标准局领导做了汇报，并及时提出了建设飞机适航性技术研究机构的建议，引起上级部门的重视。1981年2月，研究所按照国务院和航空工业部批准，设立民用飞机适航性研究管理室，同年组织相关单位自行编制了我国第一份适航性管理文件——承制国外航空产品的质量要求（SH2001A），开创了我国适航性技术研究的先河。一系列适航性技术研究工作，为后来一些型号（比如运12等）的质量控制和合格证的取得，打下了扎实基础。

张性原积极倡导开展环境试验工作。到1982年底，研究所具备了比较完善和先进的气候环境试验手段，可以进行恒定、交变湿热试验、霉菌试验、盐雾试验，盐雾—

张性原所长会见美国专家

湿热综合试验，高温、低温、温度冲击试验，温度—湿度综合试验，温度—高度—湿度三综合试验，这些都为促进标准化工作创造了有利条件，也为后来提高航空质量管理水平做出前瞻性探索打下了坚定基础。

张性原 1982 年 1 月调三机部机关工作，1985 年退居二线，1990 年离休。

晋　川

晋川（1917.9—2002年），山西左云人，四川第三机械工业局（现四川航空工业局，简称中航工业四川局）首任党组书记、局长。1938年3月在陕西参加革命。曾为延安中央党校学员、军委三局通信材料厂副厂长、东北军区东安电讯器材厂副厂长、大连电讯器材厂副厂长、齐齐哈尔中苏民航站站长。1952年任航空工业局122厂（现中航工业哈飞）总工程师。1955年夏在北京航空学院特别班学习。1958年12月任国营峨嵋机械厂（现中航工业成飞）总工程师。1978年7月31日任四川省第三机械工业局筹备小组组长。1979年9月任四川省第三机械工业局党组书记、局长。1964年、1978年当选为第三届和第五届全国人大代表。2002年冬去世。

晋川在革命和建设时期曾经做了大量工作。在军委三局通信材料厂工作时，被评选为陕甘宁边区的甲等模范工作者；在122厂、峨嵋机械厂任总工程师期间，组织参加了杜－2飞机和轰5的试制，歼5甲、歼教6、歼7等飞机的试制和批生产。

为了加强四川地区航空工业的组织管理，加速在川航空企事业单位科研生产的发展，1978年5月26日，第三机械工业部向四川省委提出了《关于成立四川省第三机械工业局的意见》。1978年7月31日，四川省委决定成立四川省第三机械工业局筹备小组，筹备小组成员有：晋川、张洪武、李广才，晋川为筹备小组组长。1979年9月20日，四川省委以《关于正式建立四川省第三机械工业局的通知》，决定正式成立局和局党组，并任命晋川为局党组书记、局长，李广才、刘占山、冯玉麟等三位同志为局党组成员、副局长。

晋川在担任四川省第三机械工业局筹备小组组长后，在1年多的时间里完成了局的办公选址、人员配备、机构搭建，并迅速正常开展工作。

组建的四川省第三机械工业局，实行部和省双重领导的管理体制，既是第三机械工业部的派出机构，又是四川省管理航空工业的一个部门。局的主要任务是：检查督促各企事业单位贯彻部和省委、省政府的指示，以及科研生产计划、各项工作任务的落实情况；调查研究企事业单位领导班子执行党的路线、方针、政策情况，及时向部、省提出充实、加强和调整领导班子的建议；总结交流企事业单位科研生产及管理工作经验；协调企事业单位科研生产、协作配套及物资供应等工作。

1984 年 1 月 19 日，经航空工业部批准，四川省第三机械工业局更名为四川航空工业局。

晋川于 2002 年冬去世。

倪有生

倪有生（1934.1— ），浙江金华人，南航电子厂（现深圳市南航电子工业有限公司，简称中航工业南航）首任厂长。1954 年在上海参加工作，同年加入中国共产党。1954 年调往国营第 112 厂，历任工人，总工长，实验室副主任、主任，党支部书记，1960 年担任车间主任。1966 年调往 011 基地，筹建 292 厂。1969 年担任国营千山机械厂（现中航工业千山）副厂长、总工程师，1976 年任国营千山机械厂厂长。1979 年开始筹备建设南航电子厂，1980 年 5 月任厂长。1988 年获航空工业部颁发的“献身航空工业三十年”荣誉证书；2010 年获中国航空工业集团公司和深圳市政府共同颁发的“航空工业参与建设深圳特区三十周年”奖杯；2011 年荣获中国航空工业建立 60 周年纪念奖章。1989 年 5 月在深圳退休。

1980 年春节前，倪有生作为国营千山机械厂厂长在参加第三机械工业部企业领导干部会上得知，国家要在深圳建设经济特区，并且部里要在深圳建厂。他以敏锐的眼光认识到这是一个非常好的发展企业的机会，深圳特殊的地理位置将极具未来的发展潜力。倪有生主动请缨，并于当年到深圳进行了考察，在只有政策支持、无资金注入的情况下，和其他 13 位同志一道东奔西跑，四处筹措，终于在 1980 年 5 月 20 日和其他 13 位同志一起建立了南航电子厂，并被任命为厂长。

在深圳建厂，与在其他地区建厂的情况有着天壤之别，无资金、无厂房，无法拿到订单；没有订单，无法获得建厂的资格。倪有生在种种不利形势下，因地制宜地通过与地方合作的方式灵活应对，确定了临时使用的厂房地址，并最终拿到了为香港公司加工产品的第一份订单，并因此使南航电子厂得以成立。

倪有生建立南航电子厂时期是全国各地到深圳建厂的初期，各方面条件非常艰苦，条件也还不够成熟。倪有生发现，靠来料加工只能解决吃饭问题，要想盈利和加快发展就要继续解放思想，积极寻找市场机会。南航电子厂通过敏锐地把握市场机会，靠一批滞销的磁带，一举形成了当年建厂、当年盈利 27 万元的良好局面。

倪有生生活照

南航电子厂建立起来以后，在倪有生的领导下，各项生产经营工作稳步推进。由于当时和所在地人民公社的联系较为紧密，同时南航电子厂的人饮水思源，发展不忘当地父老乡亲，率先出资5万元用于解决当地自来水问题。在南航电子厂的带动下，一批企业出资为当地的老百姓解决了自来水问题。作为该项工程的牵头单位，南航电子厂还出人出力帮助建设水塔，得到了当地人民的一片赞誉。南航电子厂这种强烈的社会责任感，为后续的发展赢得了机会。看到南航电子厂全体员工简陋的生活条件，厂址所在地南头公社集体讨论通过，决定给予南航电子厂职工公社居民同等待遇，并划给南航电子厂一块20亩的地。在这里，南航电子厂盖起了两层的厂房和八层的大楼，这是众多当时赴深建厂的企业中，第一个有自己的土地和自己的厂房的企业，这为南航电子厂的后续发展打下了坚实的基础，标志着南航电子厂初到深圳就站稳了脚跟。

在倪有生的领导下，南航电子厂高度重视企业的持续发展，不断探索企业发展之道。倪有生一直丰富着他自己那套经营管理的理论，那就是“靠来料加工吃饭，积极进行体制创新，与国际接轨，靠企业管理成事”。从最初的加工磁带到给国际品牌做OEM（原始设备制造商），从生产录音机到生产国内最早的汽车收放机，从没有自己的技术到拥有自己的技术团队，南航电子厂充分了利用了深圳的区位优势，闯出了一条建设企业、加快发展的新路。短短几年时间，在倪有生的领导下，南航电子厂拥有了多达2000多人的工人队伍，航空部多位领导和兄弟单位的企业领导多次来深圳参观了南航电子厂并给予高度评价和赞扬。

在抓好经营管理工作的同时，倪有生会同其他领导成员同期开始建立现代企业制度，建立优秀的管理团队，建立一支有技术开发能力的研发队伍，实施有效的激励制度等一系列举措，给南航电子厂注入了强大的生命力。

1989年5月，倪有生从南航电子工业有限公司董事、总经理岗位上退休。

李根荣

李根荣（1930.3— ），浙江宁波人，南航电子厂（现深圳市南航电子工业有限公司，简称中航工业南航）首任党委书记。1943年春在上海参加工作，1952年参加国防工业建设，同年调往沈阳111厂，被评为八级工，随后任班组长、工段长，被航空工业部任命为国家第一批“工人工程师”。1956年4月加入中国共产党，1956年调沈阳航空喷气发动机厂（现中航工业黎明）任检验室主任、车间副主任，1966年任四分厂厂长。1970年，调任陕西汉中3137厂厂长。1980年受组织委托赴深圳筹建南航电子厂，同年5月任南航电子厂第一任党委书记。1970年参与研制的新产品“激光准直仪”获得军工优质产品国家质量奖。1988年获航空工业部颁发的“献身航空工业三十周年”荣誉证书；2010年获中国航空工业集团公司和深圳市政府共同颁发的“航空工业参与建设深圳特区三十周年”奖杯；2011年获“中国航空工业建立60周年”纪念奖章。1989年5月在深圳退休。

1980年春节前，李根荣争取到了012基地在深圳建厂的机会，和其他几位同志，在只给政策不给钱的情况下，解放思想、真抓实干、充分利用各方条件，最终于1980年5月20日建立了第三机械工业部在深圳的窗口——南航电子厂。李根荣被任命为南航电子厂党委书记。

李根荣到深圳并建立起南航电子厂的时期，是全国各地到深圳建厂的初期，各方面的条件非常艰苦。在筹建南航电子厂时期，自然条件恶劣，同时没有厂房、没有投资、没有设备、没有客户、没有订单，他们就住在农民腾出来的破旧房屋里开始了创业的历程。李根荣和初期创建者们就是靠着解放思想和“咬定青山不放松”的精神，靠着吃苦耐劳、艰苦奋斗的意志品质，因地制宜，让南航电子厂从无到有，由弱到强。

南航电子厂建立起来以后，李根荣牢记航空部领导的指示，在抓好各项生产经营工作的同时，加强与深圳政府部门和工厂所在地人民公社的联系，为当地解决了没有自来水的大问题。当地的老百姓都知道“是航空部为我们办了件大好事”。厂址所在地南头公社集体讨论通过，南航电子厂职工享受公社居民同等待遇，并为南航电子厂选

李根荣生活照

择了大汪山一块 20 亩的地。南航电子厂在上面盖起了两层的厂房和八层的大楼，这标志着南航电子厂在深圳站稳了脚跟。这块土地的使用权直到目前都一直归属中航工业南航所有。

在李根荣等领导下的南航电子厂领导班子，高度重视企业的持续发展，在确保企业能够生存的前提下，不断探索企业发展之道，充分利用深圳的区位优势，闯出了一条建设企业、快速发展企业的创新之路。短短几年时间，在李根荣等的领导下，南航拥有 50 多名党员、2000 多名的工人队伍，创造了快速成长发展的业绩。

1989 年 5 月，李根荣从南航电子工业有限公司党委书记岗位上退休。

张 政

张政（1929.5— ），上海市人，中国航空技术进出口公司上海分公司（现中国航空技术上海有限公司，简称中航国际上海公司）第一任总经理、党委书记。1948年5月加入中国共产党，同年8月到浙江四明山地区参加游击战争，历任浙东人民游击队第六支队会计、政治干事、副政治指导员等职。1949年5月转入地方工作，任浙江省永康县公安局政治指导员，浙江省人民政府金华专员公署公安处政治协理员。1950年10月在浙江省公安干校荣获二等模范奖状。1954年8月任国营第112厂经济计划科科长、机械化设计科科长、厂办公室主任等职，1960年9月在沈阳航空专科学校飞机制造工艺专业学习毕业。1964—1978年，先后担任苏州长风机械总厂总工程师、第三机械工业部华东工作组组长、华东物资供应站站长兼党委副书记等职。1979年3月任上海物资配套管理处主任兼党委副书记。1980年8月任中航技上海分公司总经理、党委书记，1988年11月任中航技上海分公司董事长。1988年离休。

伴随着党的改革开放政策的贯彻，以及中国航空工业走向国际市场需要，中国航空技术进出口公司上海分公司，于1980年8月25日成立，张政被任命为总经理。成立伊始的上海分公司，承担着三机部邀请来华到上海访问考察培训的外宾在上海的外事联络接待工作；中航技履行对外签约合同中有关进出口产品在上海的仓储转运工作；树立中航工业对外开放、引进，对外贸易窗口形象的三大任务。

确保产品安全是储运重中之重。上海分公司协助执行1979年10月中航技公司与美国麦道公司DC-9-80主起落架舱门转包生产协议，该产品体积大、精度高。当时的海外运力严重不足，为赶航次产品需要提前存储。公司当时没有仓库，没有运输设备，而又要严格按照协议明细控制费用，张政就亲自率队调研考察，最终选择安全保密工作基础好、价格比较低的010单位作为公司中转储备库，确保了出口产品的安全。在公司领导指挥下，按时按质发运了一批批的飞机、航空发动机、零备件等货物，价值数亿美元。期间成功组织发运350吨一级危险品——航空汽油任务，公司领导深入一线指挥，制定各项安全措施，连续作业25小时，做到“准确、及时、安全、保密”，得到上级有关部门的高度赞誉。

按照惯例，出口运输都是委托中国外贸运输公司代办的方式，张政充分利用上海的条件，积极走访政府有关部门，协调关系，畅通渠道，直接与中国外轮代理公司上海分公司建立协议关系，自主订舱、配舱、报关、报检，现场监督装船，制作有关单据凭证等。工作量增加了，但控制力加强了，每个环节都有清晰的记录，确保合同的履约，节约了宝贵的外汇费用。通过现场实践，虚心地交流学习，增进了友谊，锻炼了队伍，上海分公司很快成为中航技口岸工作的重要力量，涌现出一批优秀的外贸储运人才。

积极创造条件，建设上海外贸仓库。该库占地15.29亩，库房4466米^2，露天货场2700米^2。这是中航技投资的第一座储运仓库，在之后的数十年里发挥了重要的作用。

根据总部要求，做好储运工作的同时，可以结合上海良好的贸易环境，适时开展对外贸易。这一定位，为上海分公司今后的发展起到至关重要的作用。张政非常珍惜这个决定，但由于公司处于创业初期，人员少，而且多是技术干部，没有学过外贸，外语水平急需普及和提高。公司领导充分利用三机部在上海举办的英国航空设备展览会的机会，在为展会提供服务中，安排技术干部现场实践自己的英语翻译技巧。平时工作中，请能者为师，互相交流，另一方面抽调干部充实外贸业务。就是凭着这股韧

张政在船上

劲，外贸工作开始起步。为了对外谈判，事先备课，做好充分准备，集体研究对策，确定主谈人对外口径。最初的业务是为美国联合百货 ADG 公司在中国大陆作采购代理，按照指定发货，以美元采购额收取以美元计价的劳务费用。公司开始尝试电子钳、标准件、变压器、微电器、工作服、编织袋等商品的出口，年度出口创汇额数十万美元。

改革开放初期，涉外酒店供不应求，为了满足航空外宾接待需要，经总部介绍，上海分公司会同上海龙华乡公司与香港港澳国际投资有限公司利用外资建设上海园林宾馆有限公司。酒店的建立为树立公司形象起到非常重要的作用。

张政注意班子同志间的团结，注意工作方法，结合公司业务实际开展经常的学习教育，提高干部员工的认识。他高度认同上海分公司的各项工作关系着航空工业进出口工作的全局，是中航技公司的一个重要组成部分，公司上下一条心，必须树立强烈的全局意识。他提出“狠抓储运全局，搞好外事接待，提高经济效益，为国多创外汇”作为公司工作的指导思想。

张政关心支持公司的群众工作，在中航技系统第一家成立工会组织，进而第一家建立公司职代会机制，积极支持员工加入国防工业上海地区的神剑文学艺术学会工作。公司工会获得上海市徐汇区总工会颁发的“优秀职工之家”称号。

张政于 1988 年离休。

沈培森

沈培森（1935.6— ），山东章丘人，012基地干部培训学校（于1982年6月改建为012基地职工工学院，2003年改建为陕西航空职业技术学院，简称中航工业陕航学院）首任校长、012职工工学院首任院长。1947年进入济南私营工厂当工人，1952年济南国营山东建筑工程公司铁工厂当工人。1954年济南山东工学院附设工农速成中学学习，1958年考入南京航空学院学习。1963年7月甘肃兰州国营万里机电厂（现中航工业万里）工作，历任设计员、设计科科长、政治指导员、组织部部长。1971年调万山机电厂参与筹建工作。1980年10月在原厂址上建立起了012基地干部培训学校，任代理校长，1981年5月被第三机械工业部正式任命为校长。1982年6月，干部学校改办为012基地职工工学院任院长。1983年调到湖北武汉406站任主任。1986年因身体健康状况病退。1987年到深圳市博络实业总公司任总工程师、总经理、董事长。1996年至今在山东省章丘市航科特种养殖公司任顾问。

沈培森于1973年从兰州国营万里机电厂来到陕西省汉中地区参加万山机电厂的筹建工作。1976年国家调整国民经济建设方针，工厂相继缓建、停建，人员解散分流，上级决定沈培森等80余名同志留下来看守国有资产。

沈培森等工厂留守领导根据012基地要求，提出了“守点办学，搞好生产”的口号。具体任务是：维护好国家财产，使之不受破坏和损失；为基地和上级机关在此举办学习班做好服务工作；搞好农副业生产，尽量将厂区空地种上庄稼，边缘地区种上树木，养猪养鱼。这样既可占住原厂地盘，不致使留守职工闲散无事，又可以改善职工生活。

5年中，沈培森等领导带领留守职工经过艰苦辛勤的努力，较好地保持了厂区和福利区的完整。充分利用已有建筑，为基地和上级机关相继在此举办的26期学习班、1560人次提供了服务。为搞好农副业生产，沈培森身先士卒，带领职工耕地、播种、插秧、除草、施肥、打谷，喂猪、喂牛、养鱼等，洒下了辛勤的汗水。在搞好培训和农副业生产的同时，沈培森等领导带领留守职工利用仅有的一台车床和一台铣床，积极创造产值，为后来逐步发展起来的机加、热表处理生产线奠定了基础，也是今日中航工业陕航学院附属工厂的雏形。在012基地的支持下，通过滚雪球的方式，利用发展生产积累的资金，逐年增添设备，完善生产手段，使工业生产不断发展壮大，由班组、工段发展到车间，又由一个车间发展到具有机加、热表处理、机动维修3个车间组成的生产系统。到1982年，012基地职工工学院成立时，固定资产达到34万元，年产值69万元。几年中，利用工业生产的利润，扩大了再生产，节省了国家缓停建万山机电厂的维护费，还兴建了一些工程，为办学补贴了经费。完善了福利设施、福利条件，发放了奖金，增加了职工收入。

1979年底，他们这种思想不涣散、工作不松懈、坚韧顽强、苦干实干的精神和守点创业事迹，得到《陕西日报》《工人日报》、陕西人民广播电台的报道。

沈培森他们没有消极守点，更没有停留在已有成绩面前。随着“四个现代化”建设的开展，国家需要培训大量的干部，航空工业自身发展也需要大量科技人才、管理人才。根据现实需求，沈培森等留守领导积极向上级多次申请在原万山机电厂厂址上建立干部培训学校，承担干部培训任务。1980年10月，基地决定，在原万山机电厂厂址上建立012基地干部培训学校，使基地干部培训走向正规化，沈培森任代理校长，1981年5月，三机部下文正式任命为校长。相继举办5期企业管理培训班，培训基地内部各企业中层干部和管理干部240余人。

此时，沈培森他们敏锐地捕捉到国家政策信息，又提出在干校基础上争取用3年左右时间建成012基地职工工学院的设想，为基地发展建设培养更多的技术人才、管理人才。1981年5月，三机部教育局领导来基地检查工作，提出了012基地应该成立工学院，有自己的教育中心的思想，基地党组于1981年7月决定，基地干部学校积极创造条件，改办012基地职工工学院。

在基地办工学院的决定下达后，沈培森他们带领职工立即开始了工学院的筹建工作。围绕“招生来源、教学大纲、师资队伍、领导管理机构、校舍和办学设备”这5个方面，积极创造条件。1981年12月，012基地干部学校分别向基地和三机部送交了将干校转建为012基地职工工学院的报告。1982年5月，上级机关来校，对筹建的012基地职工工学院进行验收，沈培森向验收组做了详尽汇报。1982年6月，航空工业部正式下文，批复012基地职工工学院成立。2003年被陕西省人民政府批准改制为普通高职院校，定名为陕西航空职业技术学院。经过沈培森等领导和职工的不懈努力，从决定将干校改办为工学院到正式批准成立，仅用了1年左右的时间。

1983年3月，沈培森调离012基地职工工学院到武汉406站任主任。1986年因身体健康原因病退。

洪亚新

洪亚新（1929. 7— ），浙江平湖人，无锡航空涡轮轴发动机研究所（现航空动力控制系统研究所，简称中航工业动控所）首任所长，中共党员，研究员。1952年毕业于清华大学机械工程专业，1952年8月在第二机械工业部航空工业局调研科推行计划管理、第二生产处担任主管工程师。1963年10月在第三机械工业部第二生产技术司任主管工程师。1969年9月在贵州省军区国防工办三处任副处长，主管导弹生产基地及飞机生产基地技术工作。1975年3月历任江苏省无锡发动机设计研究所副所长、所长，1980年11月任第三机械工业部无锡航空涡轮轴发动机研究所所长、党委副书记，1983年5月任党委书记。1989年7月退休。

1975年2月，时任贵州省军区国防工办三处副处长的洪亚新奉调到无锡，受命组建江苏省无锡发动机设计研究所并历任副所长、所长。1980年11月起，无锡发动机研究所划归第三机械工业部管理，定名为无锡航空涡轮轴发动机研究所，洪亚新任所长。

洪亚新在部机关主管企业工作多年，有着丰富的基层工作经验和协调沟通能力，他一到任就积极协调部、省、市各方关系，从两个方面同时开展建所工作，一是创造必要的工作条件，另一个就是逐步介入无锡发动机生产线上的技术工作。建所之初，基础条件差，洪亚新一心扑在工作上，带领几个前期借调来的同志从确定所的代号、取得印章、调集技术人员到寻找临时办公地点和选所址建职工宿舍，四处奔波，开始了从无到有、从弱到强的创业之旅。

研究所技术人员来自四面八方，其中许多人工作经验丰富、技术水平高，是发动机行业内的知名人士。洪亚新深知要把研究所办得有实力、有名气，能尽快承担起研制重任，关键是要能够聚集和稳定一批技术水平高、在行业内有一定知名度的人才。他从调查研究出发，认真听取群众的意见，对来自25个单位的人员一视同仁，注意平衡所内各方的关系，把大家团结起来；同时关心技术人员的生活，帮助解决实际困难，上下一致，形成合力，充分发挥他们的积极作用，很快就建成一支能够满足试制某型发动机任务的技术人才队伍。

1975 年至 1979 年期间，在洪亚新的主持下，研究所承担了研究解决某发动机设计定型及批生产中的技术问题、机种改进改型的试验研究、航机改为地面动力装置的设计研究工作。

随着国民经济进入调整阶段，1979 年起，研究所承担的某型发动机设计定型工作停产。为了保住研究所，使从四面八方引进的技术人才能在无锡安居乐业，洪亚新不断与省工办和三机部协调，积极寻求解决的办法，最终使研究所划归三机部管理。同时，利用这一时期，组织科技人员学习技术业务知识，了解熟悉国内外其他发动机的设计资料，举办了英语、日语学习班，进行“充电”，为新任务的到来做准备；还千方百计寻求任务，组织技术人员参加某型发动机设计定型工作；配合上级部门，积极探索斯贝发动机改装设计的使用方向，提出多个选择方案，为该项目的正确决策做出了积极贡献，从而开展航空发动机转入航机多功能应用的开发性研究，为我国航机服务于民用工业揭开了新的一页。

洪亚新认真贯彻执行国家“调整、改革、整顿、提高”的八字方针和“关、停、并、转”的政策，参与完成了国营龙山机械厂的关停、交接工作。接收国营龙山机械厂后，采取了一系列对策措施加以应对，充分利用现有条件，全力恢复生产。经过短短两个月的准备工作，就组建了一个拥有 160 名职工的试制车间。

1980 年至 1988 年的近 10 年间，研究所一直没有明确的科研方向和基本任务，洪亚新与领导班子成员一起，不等不靠，自谋出路，寻找市场，开发产品，带领全所干部职工探索出一条以民养军的新路子。研究所面向市场，调整专业结构，形成以发动机专业、数控系统专业、机械专业为主，又辅以其他专业的军民结合、以民养军的科研模式，调整、组织全所技术力量，形成了科研设计和技术咨询服务两支生力军。

在此期间，研究所承担了斯贝发动机核心机改装设计任务，该机改型的蒸汽联合循环发电动力装置，应用于北京东方红炼油厂；承担了某型发动机改型任务，作为内蒙古达拉特旗化肥厂联合循环发电的动力装置，不仅充分利用了能源，减轻了环境污染，而且为燃机的应用开辟了一个新的领域；生产了纺织工业急需的 A820 型半自动皮辊酸处理机，填补了国内空白；利用研究所的技术力量，帮助乡镇企业整顿取证。在 3 年半中，先后派出 40 余名技术人员和管理干部进驻 9 家乡镇企业协助整顿取证，全部通过省级复审，取得了生产许可证。除此之外，研究所还以组织技术攻关、进行技术成果转让、担任技术顾问等形式，开展技术咨询服务，受到了地方企业欢迎和好评。

如何给研究所争取到一个合适的发展方向，始终是困扰洪亚新的一个难题。虽然当时通过以民养军，研究所也有一定的发展，但从长远考虑，研究所要有科研任

洪亚新生活照

务才是保持发展的立足之本。于是，洪亚新对任何一个有可能促进研究所发展的信息都不放过，他四处斡旋，几经周折，多次进京找有关领导和部门寻求支持。经过他不懈的努力，最终部发动机局正式下文将发动机的数控系统确定为研究所的研究任务。研究所终于迎来了专业方向调整的曙光，翻开了建所历史上的新篇章。洪亚新 1989 年 7 月退休。

严　敏

严敏（1917. 11—　），江苏苏州人，无锡航空涡轮轴发动机研究所（现航空动力控制系统研究所，简称中航工业动控所）首任党支部书记。1938 年 5 月在香港九龙中华书局香港分厂参加革命，同年加入中国共产党。曾任香港分厂支部干事会宣传干事，1941 年 3 月起在党组织的印刷厂机关工作。1942 年 5 月经党校学习后，历任苏中宝应县临泽区秘密党组织书记、苏中宝应县黄浦区交通站站长，苏中宝应县敌工部（后改城市工作部）干事、科长，苏中宝应县石塘区委副书记，苏中二分区人民报社印刷厂厂长。1946 年转入部队在野战医院工作，历任政治指导员、教导员、组织股长、副科长、政治处主任。1956 年调至北京后勤学院，任学员班政治指导员、教研室政治协理员。1965 年转业到无锡粮食机械厂任党委书记。1975 年 4 月起，历任江苏省无锡发动机设计研究所党支部副书记、副所长、党支部书记。1980 年 11 月任第三机械工业部无锡航空涡轮轴发动机设计研究所党支部书记。1983 年 4 月离休。

严敏于 1975 年起，历任江苏省无锡涡轮轴发动机设计研究所党支部副书记、副所长、党支部书记，第三机械工业部无锡航空涡轮轴发动机研究所党支部书记。

国防工业企业对严敏来说是个全新的领域，他善于学习，上任伊始，就深入到科研生产现场，进行调查研究，向一切可以学习的人学习，在较短时间内就熟悉了情况。他尊重知识，尊重人才，注重发挥科技人员的作用，保护科技人员的积极性，为有效开展工作奠定了基础。他密切联系群众，关心职工生活，帮助他们解决实际困难。

严敏快速转变思想观念，适应工作变化，积极探索国防工业企业党组织的工作规律，找准工作突破口，抓住工作重点，注重抓党的组织建设、干部队伍建设和党员队伍建设，紧紧围绕经济工作中心，充分发挥好党支部的战斗堡垒作用和党员的先锋模范作用。在研究所面临没有军品科研任务的困难时期，发挥党组织的作用，积极配合行政领导，抓好全面工作。他与领导班子共同决策，采取了一系列为减轻国家负担，增加职工收入，稳定人才，锻炼专业技术队伍的有效措施。

严敏生活照

通过寻求合作，研究所参与了发动机多个机种的研制工作。严敏组织领导参加了370厂某发动机的研制工作，完成了重要的技术报告；以协作单位的身份参加了××6甲设计定型的方案研究、技术攻关等工作，并在其中发挥了积极的作用；参加了黎明厂某型发动机设计工作，进行分析计算、测试和试验，参与解决重大技术问题的方案研究和攻关；开展了航机多功能应用的开发性研究，研究所承担的斯贝发动机核心机改装设计任务，应用于北京东方红炼油厂成功并网发电；组织开展民品生产，1981年建立了试制车间，通过整修设备、筹措资金、市场调研等准备工作，建成了酸处理机生产线，生产了纺织工业急需的A820型半自动皮辊酸处理机，填补了国内空白；开发了牛奶瓶扎线机和软冰淇淋机等。使研究所较早由专业从事军工转入经济建设主战场，缓解了当时所处的困境，又为今后较好的发展民品打下了基础，取得了较好的经济效益和社会效益，带领全所职工走出了一条以军养民的自救之路。

严敏在任期间，始终保持艰苦奋斗的作风，廉洁自律，团结同志，以大局为重，互相理解，互相尊重，互相补台，和领导班子成员一起，为研究所的发展做出了积极的贡献。

1983年4月严敏离休后，仍然非常关心和支持研究所的发展和改革，积极参加离休党支部的活动，坚持学习党的方针政策，热心公益活动，捐资帮助贫困学生。2008年汶川发生大地震，92岁高龄的严敏在参加集团公司组织的捐款活动中捐款1000元后，又交纳“特殊党费”1000元，为广大党员树立了榜样，被中国一航评为“抗震救灾先进个人”。

李国富

李国富（1924. 1— ），上海人，中国航空技术进出口公司广州分公司和深圳工贸中心总经理兼党委书记。新中国成立前，曾任上海交通大学党总支委员，从事地下革命工作。1952年起，李国富投身于我国航空工业建设，在航空工业企业历任科长、处长、总工程师等职。1982年调任中国航空技术进出口公司广州分公司和深圳工贸中心总经理兼党委书记。1986年10月起任深圳中航企业集团董事长。1991年被评为航空航天部劳动模范，1992年由国务院审定为对国家有突出贡献的工程技术专家，享受政府特殊津贴。2011年荣获中国航空工业集团公司“航空报国杰出贡献奖”。1990年离休。

李国富是深圳中航成立初期第一批航空工业派往深圳的干部，是中航工业支持深圳建设、深圳中航早期开疆拓土队伍的代表人物。20世纪80年代初，在深圳创建经济特区的大背景下，中国航空技术进出口公司（现中航国际）在深圳设立办事处。当时只是一个10余人的“赤膊小分队”，在缺项目、缺资金、缺人手的情况下，李国富带领队伍，凭着航空人特有的创业激情和信心，秉承航空工业建设特区、开发特区的精神和思想，不放弃进出口贸易业务，借助航空工业企业的人才及技术优势，坚定执行党的改革开放政策，贯彻上级单位制定的“技贸结合”、“工贸结合”、“内外结合”、“以工为主”的方针，闯过了撤退风、经济低迷、资金土地难以落实、基建项目报批受阻等关卡，逐步建立十几家企业，业务涉及高科技制造业、地产业、餐饮服务业、零售百货业等各个领域，上海宾馆、天虹商场、飞亚达，这一个个耳熟能详的名字，都是深圳中航的下属企业，充分发挥了信息窗口、技术窗口、人才窗口、贸易窗口的作用。

深圳中航在李国富的带领下，外引资金、设备、管理，内联航空企业的技术、人才，从市场角度出发，创办了许多优秀的企业，航空工业在深圳的影响力也逐步建立。1982年至1983年，深圳中航先后办起了航空电脑厂、航空电脑设备公司和电脑电气公司。1984年，改革开放总设计师邓小平到深圳、珠海特区视察，曾在航空电脑厂被电脑下象棋深深吸引，李国富向小平同志介绍了深圳中航凭借特区窗口和依托内地航空

李国富工作照

工业，发展高科技产品的模式。小平同志又参观了当时的航空电脑设备公司和电脑电气公司，并提出了“电脑要从娃娃抓起”的指示。航空电脑设备公司最早与香港金山公司建立合作关系，最先向中关村一条街的中科院计算所所属公司、四通公司、北大新技术公司提供计算机，并帮其引进计算机部件。航空人捕捉世界新技术的敏锐眼光，催生了深圳中航先人一步发展高科技产业的举措。在以李国富为首的第一代深圳中航领导人的带领下，深圳中航获得了良好的起点和长足的发展，也为后来的巩固扩大奠定了坚实的基础。

此外，李国富十分注重人才培养，注重在市场经济环境下锻炼队伍。任职期间，李国富为公司培养出一批熟悉市场经济环境下企业经营与运作的管理人才和业务骨干。如今，他在任时培养和提拔的青年骨干人才，已有多位活跃在中航国际总部及下属各企业的重要领导岗位上，肩负着为中航国际乃至中航工业开创未来的历史重任。

1990 年，李国富离休，但他的身影并没有从公司新老员工的视线里消失。从 1993 年起，李国富即致力于引进马拉克公司研制的用于普冷温区冷藏集装箱和冷场车的 M－21制冷机技术，并在此基础上从结构小型化和提高制冷率方面做出了新的改进和突破。时至今日，他依然在执著地探索着，奋斗着，他说：“能为党工作的时间不多了，要在有生之年尽其所能地来完成这个项目。”为了这个项目，李国富将一半积蓄全都投了进去，还把这个项目 51% 股权以 1 元钱转让给中航工业深圳公司。他表示，将来会用项目产生的收益成立一个基金会，用于回馈社会。

赵凤岐

赵凤岐（1926.6— ），辽宁大连人，中国航空工业供销有限公司（简称中航国际供销）首任总经理、党委书记，物资局局长。1946年在东北参加革命。1948年调入大连建新公司，参与了航空工业的创建。1950年加入中国共产党。1951年4月调到航空工业局经理部材料科工作，历任金属材料科副科长、供应局金属材料处副处长、东北物资供应站主任兼党委书记。1979年起，担任第三机械工业部物资局负责人、物资局副局长。1982年，航空工业部成立中国航空工业供销公司，与物资局一套机构两块牌子，担任物资局局长兼供销公司总经理、党委书记，全面负责物资局和供销公司各项工作。1980年被选为中国物资经济学会第一届理事会理事。1988年获航空工业部颁发的“献身航空工业三十年”荣誉证书，2011年荣获中国航空工业集团公司“航空报国突出贡献奖”。1989年12月离休。

1951年4月，航空工业局在沈阳成立，赵凤岐被调到航空工业局经理部材料科工作。1953年，赵凤岐任航空工业局供应处金属材料科副科长，主要从事航空工业创建时期进口材料工作，并在国内开展新材料试制。

“文化大革命”中，各地区物资供应办事机构被取消。1970年，三机部决定重新组建航空工业东北地区物资供应管理站，赵凤岐被派往沈阳参与筹建工作，担任东北物资供应站主任兼党委副书记。赵凤岐到任后，随即开展了选址、组建干部队伍等一系列工作，边建设，边为工厂服务。此外，为了配合生产，他们组织服务小分队，带领供应站职工深入东北地区航空工厂，了解生产缺料情况，组织代表室与承制厂开展物资供应协调，为保障东北地区航空工厂的科研生产做了大量工作。从1977年起，赵凤岐担任东北地区物资供应站主任兼党委书记。

1979年，赵凤岐调任航空工业部物资局负责人、副局长。1982年，为适应航空工业迅速兴起的民品生产发展形势，加强销售业务，航空工业部决定成立中国航空工业供销公司，与物资局实行一套机构两块牌子，从部机关编制中划出，改为事业单位，物

赵风岐工作照

资局从供应型转向供应兼经营。赵风岐任物资局局长兼中国航空工业供销公司总经理、党委书记，全面负责物资供应、民品销售和其他经营工作。

供销公司是随着改革开放成立的，实行独立核算、自负盈亏。赵风岐带领公司领导班子，抓住改革开放、物资供应由计划分配向市场调配转变的时机，抓住国内、国际两个市场，加快发展。

从1980年起，航空工业部正式明确由部物资局主管民品销售，下设民品销售处，各地区物资供应站也开始增加了民品销售任务。供销公司成立后，各地区物资供应站改称为供销分公司，实行供销任务一担挑。赵风岐作为物资局和供销公司的“一把手”，带领供销系统肩负起航空物资供应与民品销售的双重使命，为航空工业物资供应保障和民品销售发挥了重要作用。

按照航空工业部党组的安排，赵风岐组建了供销系统的民品销售队伍，组织开展航空工业民品销售工作，有效推动了航空工业民品的发展。在完成航空工业军品科研生产物资配套保障的前提下，为满足航空工业民品发展对原材料的需求，大力开展市场调节，多渠道开发计划外资源，较好地解决了航空企业军、民品生产的物资供应。

赵风岐担任供销公司主要领导期间，航空供销系统实力大大增强。一是组建了长沙公司、大连公司、深广公司等新的地区公司，与湖南省政府有关部门沟通协调，在长沙市繁华商业中心建设了当时地标建筑——蝴蝶大厦；在大连繁华旅游风景区建设了大连公司和综合楼（办公、宾馆）；在深圳宝安购置土地2万米^2，建设了18000米^{2}厂房、招待所和宿舍。与宝安县合资成立航达实业公司，在深圳市中心区域内购置房产，建立了深广公司，两个公司经营良好，在不到5年时间内已收回投资。二是对哈尔滨公司、上海公司等的办公楼等房产组织建设。三是筹集资金和物资，建设了供销公司总部自己的办公大楼——中航大厦。

在赵凤岐的带领下，供销公司及各地区公司快速发展壮大，实力大大增强，为航空物资供销事业做出了重要贡献，为航空供销系统长期发展打下了坚实基础。

赵凤岐于1989年12月离休。

赵光琛

赵光琛（1923. 10— ），河北束鹿人，中国航空技术进出口公司（现中国航空技术国际控股有限公司，简称中航国际）首任党委书记。1938 年参加革命，同年 10 月加入中国共产党，历任冀中八军区、冀中军区、晋察冀军区、华北军区任参谋。1948 年在西柏坡中央军委作战部任参谋。1952 年转业重工业部航空局，历任干部处副处长、办公室主任，三机部办公厅副主任、国防工业出版社党委书记。1978 年在改革开放的大潮中，奉命筹建航空工业部外事局和中国航空技术进出口公司。1979 年中国航空技术进出口公司成立，任公司副总经理、代总经理，1982 年 6 月任党委书记。1988 年获航空工业部颁发的“献身航空工业三十年”荣誉证书。1991 年被中国航空技术进出口总公司党委评为优秀共产党员。2006 年被航空工业总公司评为优秀共产党员，2011 年荣获中国航空工业集团公司“航空报国突出贡献奖”。1984 年离休。

20 世纪 50 年代，我国航空工业奠基，赵光琛参加了艰苦的创业工作。为了搞好对苏联的航空技术引进工作，他在 1959 年到 1962 年被派常驻苏联，任二机组组长。在大量的技术引进工作中，他严守纪律，坚持原则，出色地完成了任务。以后，赵光琛又主管外经、外事以及对外军援工作，做了大量工作，也积累了我国航空工业面向世界的宝贵经验。

对外开放的东风给航空工业带来了蓬勃生机，1979 年，中国航空技术进出口公司应运而生，赵光琛被调任负责公司的筹建工作。赵光琛与当时的公司领导制定了公司发展的总体部署，即面向过去的军援国家，寻找时机，尽快将产品打出去。为了选好第一个突破口，作为党委书记的赵光琛，与其他领导一起，认真研讨，周密调查，到上级有关部门了解外贸政策，走访兄弟公司学习先进经验，借阅合同文本，孜孜不倦地学习研究，做好前期准备。1979 年，埃及总理来访，要求中方提供军备。值此时机，中航技公司在部领导的支持下毅然决定：出访埃及，迈出军品出口的第一步。赴埃团组不负众望，苦谈 45 天，终于签订了出口额 1 亿 6 千多万美元的合同。赵光琛又立即

赵光琛工作照

组织开拓新的用户，并亲赴非洲，在条件十分艰苦的索马里做促销工作。加上随后向孟加拉、赞比亚等国产品出口的成功，为我军品出口打开局面，奠定了重要的基础。

20 世纪 70 年代末，上级决定改装歼 7 飞机，改进部队装备。由中航技公司从英国引进 7 项电子设备。由于国民经济调整，军费压缩，上级决定解除与英国的合同。赵光琛他们估算了一下，如果退合同，不仅什么都得不到，还要付给英方约合 1 亿元人民币的赔款。为了不使国家蒙受损失，赵光琛与其他领导一起，日夜磋商、四处奔走，寻找新的契机，克服了许多难以想象的困难。他们另辟蹊径，提出了将飞机卖出去的思路，这一思路得到了部领导的积极支持。于是，赵光琛他们立即将目光转向了国际市场，抓住当时中东国家急需飞机的大好时机，派副总经理刘国民亲赴约旦，经过艰苦的工作，拿到了出口 60 架飞机的大合同。这批飞机用上了英国设备，避免了赔款，更重要的是开发出 F－7M 这个新的型号。几年来，F－7M 已成为航空部外贸出口的支柱产品。这件事也从侧面给赵光琛他们以新的启示：要密切注视国际市场的需求，据此不断开发出新的产品，才能使公司立于不败之地。基于这一思路，在赵光琛等领导的积极决策和倡导之下，公司努力进行后继机的开发，除歼 7 系列外，又和工厂以及国外合作开发了 PL－7 导弹、A－5M 强击机、FT－7P 以及 K－8 教练机等出口产品，展示了公司发展壮大的喜人前景。

在长期的工作实践中，赵光琛深深懂得，人才的选拔和培养是我们事业兴旺发达的根本所在。因此，他十分注重这方面的工作。在中国航空技术进出口公司担任领导工作期间，他殚精竭虑，努力选拔各方面人才，壮大公司的干部队伍。在干部选用标准上，他严格掌握，不但重才能更重德操。对于德才兼备的干部，他善于使用，敢于使用，将他们放在外贸工作的第一线锻炼培养。10 多年过去了，公司已由当初的几十人发展到现在的 300 多人。经赵光琛选拔的干部现在大多已成为公司各领域的骨干，一些人还担任了公司级领导工作。

1984 年，赵光琛到了离休年龄，明知不久将调整新的工资，但他还是毅然带头主动办理了离休手续。在这之后的几年间，他离而不休，积极发挥余热，以公司需要为己任，多次到埃及等国收汇催汇。中东的炎夏，酷热难当，旅馆简陋，车辆破旧，在这种十分艰苦的情况下，赵光琛以花甲之年，不辞辛苦，多次前往，催回欠款 4000 多万美元。他多次赴国外推销产品，参加有关公关活动，以其高尚的品德和出色的外交风范赢得了外国朋友的信任和尊重。此外，他还组织和参与航空外事史的编写，查阅了大量的文献资料，主持撰写了约 20 万字的材料，为航空工业积累了丰富而宝贵的史料。1991 年被中国航空技术进出口总公司党委评为优秀共产党员。1984 年离休。

补　记

《中国航空工业人物传·领导篇2》《中国航空工业人物传·领导篇3》汇集了航空工业1980年前创立的企事业单位创建人。从航空工业建立至今时逾60余年，人员调动频繁，有的创建人材料无处可查，有的材料严重不全。现将下列同志能查到的材料补记如下：

孙济东，中航勘察设计研究院有限公司（简称中航工业勘察院）第一任处长。1952年4月，重工业部兵工总局成立勘测处，处长为孙济东。

卢元福（1922.12—　），河北易县人。保定向阳航空精密机械有限公司（简称中航工业向阳，原航空组合夹具制造厂，后改为国营向阳机械厂）第一任党委书记兼厂长，任期为1965—1968年；1969—1970年任党委书记。

刘毅（1924.3—　），河北唐山人。北京航空精密机械研究所（简称中航工业精密所）副所长。1945年12月参加革命工作，1946年加入中国共产党。曾先后在晋察冀边区、大连办事处、大连化工厂、东北军工部、西南兵工分局、三机部政策研究室、精密机械研究所等单位工作。历任秘书、科员、军事代表、副科长、科长、副主任、处长、副所长等职。

寿松涛（1900.11—1969.1），浙江诸暨人。西北工业大学首任校长。1926年1月加入中国共产党。1917年，考入浙江省第一师范。“五四”运动中，参加了著名的“一师风潮”。1927年组织成立了诸暨县第一个中共农村党支部，任书记。1928年任中共浙江省候补委员。抗日战争、解放战争时期先后任中共县委书记、团长、地委书记、分区政委、淮海战役战场后勤支前总指挥等。南京解放后，任中共南京市委组织部副部长、江苏省交通厅长等职。1953年，任华东航空学院院长兼党委书记。1955年，学院迁往西安，改名西安航空学院，任院长兼党委书记。1957年10月，任西北工业大学校长兼党委第二书记。

刘海滨（1908.5—1994.12），江西吉安人。西北工业大学首任党委书记。1927年

1月参加革命，1929年参加红军并加入中国共产党。历经第一、第二次国内革命战争，抗日战争和解放战争。参加了第一至第五次反围剿战斗，参加了二万五千里长征。1936年在战斗中负伤，右腿高位截肢。历任红军团政委、师特派员、陕甘宁边区保安处处长、延安卫戍司令部副司令员、解放军第一野战军后勤部政委、西北政务委员会财经委副主任兼第二机械工业部西北办事处主任、西北工学院党委书记兼院长、西北工业大学党委书记（1957—1982）、陕西省人大常委会副主任。中共第七大候补代表、八大代表，全国第五届政协委员。

李旭（1919.5— ），河南偃师人。汉口航空工业学校（现南昌航空大学）第一副校长，党委书记。1936年12月加入中国共产党，曾先后任县委宣传部长、地委秘书长、县委书记、中共湖北省委直属总党委组织部长等职。1951年底，航空工业局正式决定将武汉311厂改建为汉口航空工业学校（南昌航空大学前身）后，开始负责学校的全面工作，着手组织学校的筹建。1952年3月，被重工业部航空工业局任命为汉口航空工业学校第一副校长，同时经中共武汉市委研究同意担任学校党委书记，为学校初创阶段各项工作的顺利开展做出了贡献。1954年10月学校迁至南昌后调航空工业局工作。

后　记

《中国航空工业人物传》是《中国航空工业史丛书·人物·史料资料》的重要组成部分，它真实地记录了中国航空工业60多年来航空人的突出代表，这些代表是“航空报国”精神的创造者和传承者。

《中国航空工业人物传》又分为《领导篇》《专家篇》和《英模篇》，每篇还有分册。它们将分别记载航空工业的创建者、领军人物、专家学者、科研人员和技能人才的主要事迹。编辑本书的意愿是想通过这些人物的事迹，让后来者知道今天的成就来之不易，今后的任务将更繁重、更具有挑战性和吸引力，从而通过我们的双手、用我们的智慧，将航空报国精神发扬光大，真正达到强军富民的目的。

在《中国航空工业人物传》的编撰过程中，我们得到了方方面面的支持，特别是入选《中国航空工业人物传》人物所在单位，或是入选人物曾经工作过的单位，都给予了极大的帮助。他们或者找当事人回忆，或者找档案资料，或者找有关人物家属子女了解情况，他们的工作同样辛苦而有效。在编撰时，我们也查阅了《中国航空工业四十年》《当代中国的航空工业》《航空工业人物》《航空人物志》《航空工业史料》《航空春秋》《中国航空史》《中国飞机》和《中国航空工业院士丛书》等著作，还调阅了大量企事业单位撰写的厂史、所史，有关单位的航史编修办公室、党委宣传部、办公室、档案馆（室）、老干部离退休办等部门的同志们也做了大量的工作。在这里我们一并表示感谢！

《中国航空工业人物传》虽然陆续出版，由于我们工作水平有限，可能挂一漏万，也可能出现一些错误，恳请当事人和广大读者及时指出，以便我们在今后的编辑中加以改正。《中国航空工业人物传·领导篇2》《中国航空工业人物传·领导篇3》汇集了1980年之前创立的各企事业单位的创建人，各单位名称都沿用了创建初期的名称，人员排列顺序以任职时间先后为准。本书策划王荣阳，统筹李雨农，编撰邓莉华、廉洁，审阅李长江。

中国航空工业史编修办公室

2012年9月